富爸爸

21世纪的生意

〔美〕罗伯特·清崎 〔美〕约翰·弗莱明 〔美〕金·清崎 著

王 戎 译

四川人民出版社

readers-club

北京读书人文化艺术有限公司
www.readers.com.cn
出 品

致中国读者的一封信

亲爱的中国读者：

你们好！

今年是《富爸爸穷爸爸》在美国出版20周年，其在中国上市也已经整整17年了。我非常高兴地从我的中国伙伴——北京读书人文化艺术有限公司（他们在这些年里收到了很多读者来信）那里了解到，你们中的很多人因为读了这本书而认识到财商的重要性，从而努力提高自己的财商，最终同我一样获得了财务自由。

我很骄傲我的书能够让你们获益。20年后的今天，世界又处在变革的十字路口。全球经济形势日益复杂，不断涌现的"黑天鹅事件"加剧了世界发展的不确定性，人们对未来充满迷茫，悲观主义情绪正在蔓延。

而对于你们，富爸爸广大的中国读者来说，除了受世界经济的影响，还要面对国内经济转型的阵痛，这个过程艰苦而漫长。当然，为了成就这种时代的美好，你必须坚持正确的选择，拥有前进的智慧和勇气。这就需要你努力学习。

最后，我还是要说，任何人都能成功，只要你选择这么做！

罗伯特·清崎

富人教他们的孩子财商,
而穷人和中产阶级从不这样做。

——〔美〕罗伯特·清崎

出版人的话

转眼间,"富爸爸"问世已20余年,与中国读者相伴也已近20年。在中国经济和社会蓬勃发展的20年间,"富爸爸"系列丛书的出版影响了千千万万的中国读者,有超过1000万的读者认识了富爸爸、了解了财商。在"富爸爸"的忠实读者中,既有在餐厅打工的服务员,也有执教讲堂的大学教授;既有满怀创业梦想的年轻人,也有安享晚年的退休人士。"富爸爸"的读者群体之广、之大,是我们不曾预料到的。

作为一套在中国风靡大江南北、引领国人创业创富的财商智慧丛书,"富爸爸"系列伴随和见证了千万读者的创富经历和成长历程,他们通过学习财商,已然成为中国的"富爸爸",这也是我们修订此书的动力。20年来,"富爸爸"系列也在不断地增加新的"家族成员",新书的内容也越来越贴合当下经济的快速发展以及国内风起云涌的经济大潮,我们也在十几年的财商教育过程中摸索出了一套适合国内大众群体的"MBW"财商理论体系,即从创富动机、创富行为习惯、创富路径三方面培养学员的财商,增强大家和财富打交道的积极意识,提高抗风险的能力。

曾有一位来自深圳的学员告诉我,他当年就是因为读了《富爸爸穷爸爸》一书,并通过系统的财商训练,才在事业上取得了巨大的成功。难能可贵的是,成功后的他并没有独享财富,而是将自己致富的秘诀——"富爸爸"财商理念分享给了更多想要创业、想要致富、想要成功的人。

在"富爸爸"的忠实读者群中,类似的成功故事还有很多很多。在"富爸爸"的影响下,每一位创富的读者都非常乐意向更多的朋友传授自己从财商训练中获得的成功经验。

值此"富爸爸"20周年之际,作者的最新修订版再次契合了时代的发展、读者的需要。在经济金融全球化的发展与危机中,作者总结过去、现在和未来财富的变化与趋势,并重温了富爸爸那些简洁有力的财商智慧,在中华民族伟大复兴的新时代,"富爸爸"系列丛书将结合财商教育培训,为读者带来提高财商的具体办法,以及在中国具体环境下的MBW创富实践理论。丛书的出品方北京读书人文化艺术有限公司将从图书、现金流游戏、财商课程等多角度多方面,打造出一个立体的"富爸爸",不仅要从财商理念上引导中国读者,更要在实践中帮助中国读者真正实现财务自由。读者和创业者可以通过关注读书人俱乐部微信公众号,来了解更多有关"富爸爸"系列丛书和财商学习的信息。

正如富爸爸在书中所说,世界变了,金钱游戏的规则也变了。对于读者和创富者来说,也要应时而变,理解金钱的语言、学会金钱的规则。只有这样,你才能玩转金钱游戏,实现财务自由。

汤小明

读书人俱乐部

献　词

　　我将《富爸爸21世纪的生意》一书献给千千万万正站在人生十字路口上的人们，特别是当前因受到经济危机冲击而对自己未来如何获得稳定的财富而感到无助的人们。我想告诉你们，不管经济形势看上去有多糟糕，现在才是你们掌握自己未来的最佳时机。一直以来我都在教育人们如何获得财务自由，所以我知道，就像"富爸爸"系列的其他书一样，这本书也能为你提供创造和维系财富的秘密。一旦你懂得了金钱运作的方式，并知道了在21世纪你所能拥有的各种生意机会，你就可以开始过上你所梦想的生活。

致　谢

我要感谢我的妻子金一直以来对我的爱与支持。此外我也要感谢我所创作的"富爸爸"系列书籍，正是在这些书的帮助下，全球成千上万的人们才能得到这些关于财富的教育。

我要感谢约翰·戴维·弗莱明提供的关于网络营销的真知灼见，感谢斯图亚特·约翰森、里德·比尔布雷及VidePlus科技公司工作人员的辛勤劳动，本书的出版离不开他们的努力。

最后我还要感谢约翰·戴维·马恩和J·M.艾美尔特为此项目所注入的聪明才智和激情。

目 录

前言 / I

第一部分　掌握自己的未来

第1章　规则已经变了 /3

第2章　硬币的另一面 /11

第3章　你生活在哪个象限 /19

第4章　核心财富观 /25

第5章　创业者的心态 /32

第6章　控制自己的收入来源 /38

第二部分　一种模式，八种资产

第7章　我对这个行业的了解 /49

第8章　资产的重要性 /58

第9章　资产一：真实世界的生意教育 /65

第10章　资产二：个人发展的捷径 /73

第11章　资产三：一群和你有着共同梦想和价值观的朋友 /83

第 12 章　资产四：网络的力量 /87

第 13 章　资产五：可复制、升级的生意模式 /95

第 14 章　资产六：无与伦比的领导力 /103

第 15 章　资产七：创造财富的机制 /111

第 16 章　资产八：追求梦想，实现梦想 /119

第 17 章　一个女性占优势的行业 /126

第三部分　你的未来从现在开始

第 18 章　智慧地选择 /139

第 19 章　建立成功的网络营销业务的必备要素 /149

第 20 章　过你梦想的生活 /162

第 21 章　21 世纪的生意 /169

前　言

当前经济惨不忍睹，你的工作也举步维艰，当然，前提是你还侥幸有一份工作的话。你知道吗，这一情形好几年前就被我预料到了。

但只有在经济危机之后人们才愿意相信我所说的话。当然，这本书不是用来解释事情为何会变得如此糟糕的。恰恰相反，这本书想让你知道这些坏消息完全可以转化为好消息，如果你知道实现这种转化的方法。

我有两位截然不同的生意启蒙老师：一位是我的父亲，他接受过很好的教育，并身居政府部门高层之位；另一位是我最好的朋友的父亲，他读到八年级就退学了，后来通过自己的努力成为了百万富翁。相比之下，我的父亲过得就寒酸多了。他一辈子都遭受着金钱问题的折磨，辛勤工作了那么多年，到头来没有半点积蓄。我最好的朋友的父亲则成为夏威夷最富有的人之一。

在我看来，他们一位是"穷爸爸"，一位是"富爸爸"。我很爱我的父亲，我甚至发誓要帮助尽可能多的人避免我父亲一路走来所承受的各种伤害与失败。

离开家以后，我经历了很多。我首先在海军陆战队服役，成为越南战场上一名直升机飞行员。后来我到施乐公司工作，刚开始我是公司最差的一名销售员；但四年后，当我离开这家公司时，我已成为公司最优秀的销售员之一。此后我创立了几家资产上百万美元的跨国公司。在我47岁这一年，我已经可以选择退休来干自己真正喜欢的事情了。而我真正喜欢的事情就是教他人如何创造属于自己的财富，从而过上梦想的生活，而不是安于平庸，直到有一天因为平庸而被辞退。

1997年我将自己的经历写成了一本小册子。大概是这本小册子触动了一部分读者的心弦，我所写的《富爸爸穷爸爸》一书冲到《纽约时报》畅销书榜的首位，并在这一位置占据了整整四年的时间。人们还把这本书称做"有史以来最畅销的财经类书籍"。

从那以后我又写了好几本书，合在一起形成"富爸爸"系列。虽然每本书的侧重点略有不同（包括你手中这一本），但它们的核心思想同第一本书一致，那就是：

你要么为自己的财富负责，要么就得习惯一辈子被别人指使；你要么成为金钱的主人，要么就成为它的奴隶。而这个选择权就掌握在你自己手中。

我很幸运，因为在我的生命中所经历的事情和所出现的人生导师让我知道了如何创造真正的财富。这让我能够很早地退休，再也不用工作。在我退休之前，我一直在为家庭的未来而奔波；而在那之后，我一切的努力都是为了你们。

在过去十年里，我在全身心地寻找在 21 世纪里最为有效和可行的创造真正财富的方法，从而改变人们的生活。在"富爸爸"系列书籍里，我和我的搭档已经介绍了许多经营和投资的类型与形式。但在最近几年里，通过大量的研究，我发现了一种出类拔萃的生意模式，我坚信这种生意模式能够让更多的人掌握自己的财富生活及他们未来的命运。

补充一点，当我说真正的财富时，我所指的不仅仅是金钱。金钱只是它的一部分，并不是全部。创造真正的财富所关注的不只是财富本身，还应关注创造财富的主体。

在这本书中我将向你们展示"为什么你们需要创业"及"具体创立怎样的生意"。我要呈现的并不只是生意模式的改变，同时也包括你自身的改变。我将教会你怎样打造出一个完美的生意。但如果你想让你的企业在未来不断壮大的话，你自己也必须成长起来。

欢迎你开始了解 21 世纪的生意的旅程！

第一部分

掌握自己的未来

——为什么你需要自主创业

繁栄の中の未来

第1章

规则已经变了

我们生活在一个问题不断的时代里。过去的几年，在全美国，从头条新闻到各大公司的董事会，再到普通人家的厨房，都接连不断地出现令人感到恐惧与惊慌的消息。全球化、外包、裁员、抵押品赎回权取消、次级抵押贷款、信用违约掉期、庞氏骗局、华尔街丑闻、经济衰退……一个个坏消息接踵而至。

2009年的头几个月里，美国公司每月的裁员人数达到25万。2009年年底，美国失业率高达10.2%，并仍处于上升趋势。不充分就业的情况（也就是说虽然你还有工作，但工作时间和薪水都被大幅压缩了）非常严重，高收入岗位急剧收缩，其影响范围如此之广，以致很少有人能不受到它的牵连。从行政人员和中层领导到员工管理专员和蓝领工人，从银行家到零售服务员，所有人都面临着同样的威胁。甚至一向被看做是铁饭碗的医疗保健行业，也出现了大规模的裁员。

在2008年的秋天，大多数美国人退休账户上的资产都减半了，有的损失甚至更大。随着房地产业崩盘，以前人们认为是坚不可摧的资产刹那间同水蒸气一样消散殆尽，工作的稳定性也不复存在。2009年《今日美国》调查显示：60%的受调查的美国人认为当前的经济形势是他们人生当中所经历的最大的一次危机。

当然，对这些情况其实你们都很清楚了。但有一点你们可能不知道，那就是这一切都不是什么新闻。虽然人们是在经历了一次大规模经济危机之后，才意识到他们的生活来源是多么的没有保障。但实际上，你们的收入并不是在一夜之间变得岌岌可危的，而是一直都这样。

多年来大多数美国人都在超前消费，在拥有还债能力和破产之间维持着惊心动魄的平衡。他们完全是依靠着下一个月甚至下下个月的工资来偿付这个月的开支，而用来起缓冲作用的现金往往非常少，有的人甚至完全没有。这种工资被称为"用时间换来的钱"。一旦出现经济萧条，这种经济来源的可靠性就会变得异常脆弱。为什么呢？因为当就业人数减少时，流通领域用你的时间来换取的可支配资金也相应减少了。

我早就跟你们说过

我从不提倡别人说这句话，但我还是想说：我早就跟你们说过。

几年来我都在提醒人们：世界上根本就没有绝对稳定的工作。美国的传统公司制度就像是20世纪的恐龙，已经处于灭绝的边缘，如果你想拥有真正有保障的未来，唯一的方法就是自己掌控自己的未来。

2001年我在《富爸爸商学院》一书中写道：

"在我看来，当前美国和西方国家正面临着一场金融灾难，而其根源就是我们的教育体制没能很好地给学生提供实用的财商教育。"

同一年，我在接受南丁格尔·科南特公司采访时说道：

"如果你认为可以依靠共同基金，或试图把自己的生命赌在股票的涨跌上，那我可以告诉你，你在拿自己退休后的生活开玩笑。也许股票现在在涨，但在你85岁时股票突然探底怎么办？这是你无法控制的。我并不是说共同基金不好。我只是说，它并不保险，也不是一种聪明的投资方式，我是不会把自己财富的未来赌在共同基金上的。

"在历史上从来没有如此多的人用自己养老的钱来买股票。这简直不可理喻。难道你相信不管怎样都有社会保险来救助你吗？那么你一定也相信复活节兔①吧？"

不止这些，我在2005年3月的一次采访中提到：

"纸资产最大的优点就是流动性，但同时这也是它最大

---

① 一个据说能在复活节期间给孩子们带来礼物的虚构兔子——译者注

的缺点。既然我们都知道注定会有一次股市崩盘让我们全军覆没,那你为什么还要投资纸资产呢?"

然后发生什么了?没错,我们的股市的确又一次崩盘。许多人输得一贫如洗。为什么会这样?因为我们被禁锢在我们自己以前的习惯与思维方式当中。

1971年美国经济脱离金本位制度,虽然这并没有得到国会的通过,但事情还是发生了。这一事件为何重要?因为它为我们印更多的纸币扫清了道路,从那以后美元不同任何实体等价物挂钩,我们可以想印多少就印多少。

这一脱离现实的做法换来了美国有史以来最大规模的经济繁荣期。在之后的35年里,美国的中产阶级人数迅猛增长。随着美元的贬值和房地产等其他资产的通货膨胀,普通的美国人也成了百万富翁。不仅如此,在那之后突然每个人都拥有了信用,信用卡像雨后春笋一般涌现出来。为了偿还信用卡上所透支的金额,美国人把自己的房产当做自动取款机,透支后借贷,借贷后又继续透支。

反正房价可以不停地涨下去嘛,但这可能吗?

当然不可能!到2007年时,这个金融气球里已无法再承受被我们注入的热空气,于是"砰"的一声,一切幻象都灰飞烟灭了。在这场经济危机中垮掉的不只是雷曼兄弟和贝尔斯登这样的大企业,还有成千上万的普通人失去了他们的401(k)计划、养老金和工作。

在20世纪50年代,通用汽车可以称得上是美国最有实力的公司。当时媒体甚至引用了通用汽车公司总裁的一句话，并让这句话成为几十年来的口号，那就是："通用公司走向哪里，我们的国家就走向哪里。"朋友们，这句豪言壮语如果是真理的话，那可麻烦了，因为通用汽车公司在2009年走向了破产；同年夏天，加州政府出现财政危机，他们用欠条而不是现金来支付政府开支。

目前，在美国拥有房产的人越来越少；丧失抵押品赎回权现象已创历史新高；中产阶级家庭数量在下降；人们储蓄账户上的存款所剩不多，家庭负债情况越来越普遍，生活在贫困线以下的人数在急剧上升；公司破产新闻不断出现，许多美国人手头上的钱根本不够他们养老。

这些消息你都注意到了吗？你当然注意到了，而且不仅你一个人注意到了。今天，美国人终于不再选择按下闹钟的推迟再响按钮而让自己留在睡梦中。这很不错，你们终于醒了过来，并发现当前情况不容乐观。既然如此，我们不妨仔细研究一下当下的情况意味着什么，以及在这种情况之下我们能做些什么。

全新的世纪

当我还是个孩子的时候，我父母教给我的成功秘诀大概和你们学到的一样：上学，努力学习，取得好成绩，然后找到一份收入高、福利好的稳定工作。因为有了这样的工作，你就什么都不用担心了。

但这是工业时代的思维方式。工业时代早已过去，你的工作并不能让你高枕无忧，政府也不会来照顾你，实际上，没有任何人会来照顾你。这是一个全新的世纪，其所适用的规则也是全新的。

我的父母就相信稳定的工作、养老金、社会保障和医疗保险制度，但这些都是上一个时代所残留下来的陈旧观念。在这个时代，稳定的工作是一个笑话，一辈子在一家公司工作的理念就像人工打字机一样早已湮没在历史的海洋中。虽然IBM公司在其全盛时期曾不无自豪地提倡这一理念。

许多人认为他们的401（k）养老金计划是万无一失的。要知道这一计划背后可是有蓝筹股、共同基金支持的，怎么可能会出问题呢？但事实证明，没有什么事情是完全不会出问题的。为什么以前那么神圣的奶牛今天却挤不出一点奶来？原因只有一个，那就是不管是养老金、稳定的工作还是安逸的退休生活，都已经是过时的概念。它们所代表的是工业时代的思维方式。而我们现在所处的是信息时代，我们需要用信息时代的思维方式来思考问题。

幸好，人们已经开始意识到这个问题，虽然是在经历了一场浩劫后才有了这一觉悟。每当经历网络泡沫的破灭、9·11事件、2008年金融危机、2009年经济萧条这样的大危机，就会有更多的人意识到之前的安全机制并不能给他们带来安全。

关于公司的神话已经不复存在。如果你这么多年来还在企业的等级阶梯上艰苦地爬行,你有没有试过停下来看看风景?什么风景?那就是爬在你前面的人的背影,因为那就是你未来的位置。如果那里是你想一辈子待的地方,那好,这本书就不是写给你的;但如果你已经厌倦了看着别人的背影生活,那就继续读下去吧。

别再被欺骗

当我写这本书时,我们的失业率还在上升;当你读这本书时会是什么情况,谁知道呢!也许情况看上去会有所改变,但你千万别被这些表象所欺骗。我们的就业率会回升,房价会上涨,信贷政策也会放松,这都是必然的。但你千万不要又像以前一样获得一种虚假的安全感。这种虚假的安全感,正是让你和整个世界陷入混乱的罪魁祸首。

什么?难道我们真的会认为油价会一直乖乖地保持在低位?我们可以一直毫无顾忌地购买那些高油耗的车?我们真的这么短视吗?(我已经很礼貌了,我本来想用"愚蠢"一词。)

但不幸的是,我们真的这么短视。我们不止一次被欺骗,而是一次又一次地被欺骗。我们都熟悉蚂蚁和蚱蜢的故事[①],但即便如此,我们大多数人还是像蚱蜢一样缺少远见。

---

① 蚱蜢很懒,整个夏天它都在唱歌玩乐,而蚂蚁则忙着储藏粮食,为冬天而准备。当寒冷的冬季来临时,蚱蜢向蚂蚁乞要食物,蚂蚁拒绝,最后蚱蜢饿死了。——译者注

不要让自己的注意力被那些头条新闻给吸引走，那些愚蠢的声音时时刻刻都在把你的精力从真正重要的事情上分散开来。那些声音纯属噪音。不管是恐怖主义、经济衰退还是最近一次的大选丑闻，都和你创造自己的美好未来没有任何关系。

即使是在经济大萧条时期也仍然有发财的人。而即使是在像20世纪80年代房价飙升的经济繁荣期，也仍然有许多人忽略了对自己未来的掌控，也就是说他们忽略了我这本书中所要分享的东西。最终，他们的生活要么是入不敷出，要么是负债累累，而且他们大多数人直到今天还是如此。

所以，问题的关键并不是经济，而是"你自己"。

你是不是在埋怨企业机制的腐化？难道这一切都是华尔街和大银行家们造成的吗？还是因为政府做得不够？或者说政府做得太多了？政府成事不足败事有余？难道你就没有埋怨一下自己吗？你没有埋怨自己没有早一点采取措施来改变自己的命运？

生活是艰难的，但重要的是你将如何来战胜它。抱怨没有用，责怪华尔街、银行家、美国企业制度和政府也无济于事。

如果你想拥有一个稳定的未来，这需要你自己去创造。你只有控制了自己的收入来源，才能掌控自己的未来。你需要有一个属于自己的生意。

第 2 章

硬币的另一面

2009年7月13日,《时代》第二页刊登了一篇名为《给罗伯特·清崎的十个问题》的文章。其中的一个问题是:"在当前混乱的经济形势下,是否存在创立新公司的机会?"

当我听到这个问题时,我首先想到的是:"你在开玩笑吗?!"我给出的回答是:

"现在是最好的创业时机!真正的企业家都是在糟糕的时代涌现出来的。真正的企业家并不在意市场的好坏,他们创造的是更好的产品和更好的流程。所以,如果有人说,'天啊,现在都没什么机会了。'那只能说明他是个失败者。"

对于现在的经济,你肯定已经听了太多负面消息。想听一个好消息吗?那我告诉你:所有的坏消息都是好消息。就像我在《时代》上所说的一样:经济衰退期才是创业的最佳时期!每当经济发展脚步放缓时,人们的创业精神就会像冬夜里刚加过柴的炉火一样烧得更旺。

提问：微软和迪士尼都是拥有数百亿美元资产的大型企业。但除此以外，这两个商业帝国还有什么共同点？

回答：它们都创立于经济萧条期。

其实在道琼斯工业平均指数中出现的企业，有一大半都是在经济萧条期创立的。

为什么会这样？其实很简单，因为在经济不稳定的时候，人们往往会变得更有创造性。他们能够从安乐窝里走出来，主动去改善自己的经济状况。这才是最为经典的美国传统创业精神。当时局困难时，总会有坚强的人站出来。

首先，当经济形势不容乐观时，市场上新的机会往往已经孕育成熟。五年前，当房价飞速飙升、信用卡无处不在时，没有人在饿肚子，人们不愁吃穿，大家都很有安全感，很少会有人担心他们老板在资金方面的稳定性，更不会有人害怕自己会被老板解雇。

但现在我们可以看到，裁员无处不在。每个人都对自己的未来感到诚惶诚恐。成千上万的人都清醒地认识到必须要重新评估自己的财务状况，并意识到如果他们对自己未来没有把握的话，就必须拿出第二套方案了。今天，人们比以前更迫切需要找到其他经济来源，也正因为如此，人们接受新事物的能力也更强，他们对新的赚钱途径持有一种更为开放的态度。

其实这些变化早在经济危机之前就出现了。从 20 世纪 80 年代开始，特别是进入新世纪以后，人们掌控自己未来的主动性变得越来越强。2007年美国商会在一篇题为《21世纪美国的工作、创业与机遇》的报告中写道：上百万的美国人开始拥抱创业精神，自己做生意。

我并不是经济学家，但是我认识一位经济学家，他名叫保罗·赞恩·皮泽尔。

保罗是个神奇的人物：他是花旗银行历史上最年轻的副总裁，他离开银行界后通过自主创业赚了一大笔钱；此外，他还是好几本《纽约时报》畅销书的作者，预言了存款与贷款危机的发生；他还担任过两届总统的经济顾问。这样的人物说出来的话，我们必须得好好听一听。

保罗曾经谈过人们对职业道路价值认识上出现的180度大转变，即从以前的以公司员工制度为基础的传统结构转变为对创业的高度认同。

保罗说："20世纪下半叶的传统智慧就是上学，获得良好的教育，然后去一家大公司工作。自主创业往往被认为是一个极具风险的想法，虽然也令人钦佩，但是太冒险了，甚至给人一种疯狂的感觉。而今天人们对这两种道路的认识恰恰相反。"

保罗说得很对。在我前面提到的美国商会报告中，还指出了一个盖洛普民意测验的结果。该调查显示：有61%的美国人更愿意成为自己的老板。另一个由弗雷斯诺市Decipher调查公司做的民意测验显示：有72%的美国成年人希望自主创业，而不是为了一份工作卖命；与此同时，有67%的人会

"经常"或"不停地"考虑辞职。

人们脑子里想的不再只是养家糊口，还考虑生活的质量。他们认识到必须对自己的生活拥有更大的控制权。他们要和家人有更多的交流时间，拥有更多自由，能够在家里工作，自己决定自己的命运。

Decipher公司的调查还显示：有84%的受调查者认为，如果他们拥有自己的公司，他们工作起来会更有干劲。不难发现，人们自主创业最主要的原因就是"让自己工作起来更有激情"。

在20世纪的工作理念中，给别人打工是过上长久、幸福而充实的生活的必经之路。而现在我们不难看出，这种理念已经土崩瓦解。

就业的神话

我们大多数人都被周围的环境洗脑，以致我们都认为被别人雇用是一件再正常不过的事情。但从历史的角度来看，这根本不是一件"正常"的事情。可以说，就业其实是一个比较新的概念。

在农业时代，大多数人都可以看做是小企业家。虽然他们都是在国王土地上工作的农民，但他们并没有被国王雇用。他们不是从国王那领薪水。恰恰相反，为了获得土地的使用权，他们还要向国王缴税，所以说农业时代的农民本质上是小企业家。他们有的是屠夫，有的是面包师，有的是做烛台的，他们一代接一代做着同样的手艺，以致他们的家族都拥有了同样的姓氏。村里的铁匠都姓史密斯①，开面包店的就姓贝克②，裁缝就姓泰勒③，而修桶的就叫库伯④。

对于雇佣者的需求是在工业时代才出现的。为了满足这一需求，政府采用普鲁士体制承担起为大众提供教育的任务。可以说，直到今天，整个西方的教育体系仍然是在模仿普鲁士体系。

你们知道65岁退休的理念是从哪来的吗？那我现在告诉你，这一理念是普鲁士宰相俾斯麦于1889年提出来的。实际上，根据俾斯麦最初的设想，退休年龄应该设在70岁。当然，这不是重点。俾斯麦承诺：所有臣民在65岁退休后能够享受政府提供的养老金。其实这对普鲁士政府并不是一个多大的负担，因为在当时普鲁士人的平均寿命只有45岁。而今天八九十岁的人越来越多，所以在下一代，我们的联邦政府很可能会因为为了实现俾斯麦立下的承诺而破产。

仔细研究一下普鲁士教育制度背后的哲学思想，你会发现：其根本目的是为了创造大量的战士和员工，也就是那些服从命令的人。简言之，普鲁士体制就是用来生产员工的。

---

① 英文中 blacksmith 就是铁匠的意思。——译者注
② 英文中 baker 就是面包师的意思。——译者注
③ 英文中 tailor 就是裁缝的意思，该词转变为姓氏 Taylor。——译者注
④ 英文中 cooper 最早有修桶匠的意思。——译者注

20世纪60年代和70年代,在美国,人们把IBM和通用汽车等公司的"终身雇佣"制度看成是获得稳定工作的最优选择。但即便是在IBM公司,那所谓能让人衣食无忧的公司雇佣制度在1985年达到顶峰以后,就开始不断地走下坡路。

还记得那句话吗?"通用公司走向哪里,我们的国家就走向哪里。"

仅仅过了半个世纪,通用汽车公司就陷入了绝境。这是不是意味着美国也穷途末路了?我想不是,穷途末路的并不是国家,而是关于公司雇佣制度的神话,以及它所宣称的工作40年就可以安度一生的计划。

创业热情

我并不是说雇佣制度不好。我想说的是,打工其实只是诸多获得收入方式中的一种,而且是非常有局限性的一种。包括读者你在内的许多人都开始意识到:只有通过创业,才能让你得到人生中真正想要的东西。

顺便说一句,并不是只有我一个人看到了这一点。你们有没有听说过穆罕默德·尤努斯?不管怎样,挪威奥斯陆诺贝尔奖委员会是听说过他的,还在2006年授予了他诺贝尔和平奖。因为他为第三世界的创业者们创造了小额信用贷款的概念。他曾说:"每个人都可以成为企业家,只是许多人都没有机会发现这一点。"

现在人们创业的热情特别高，因为经济的冬天往往意味着创业的春天。在经济萧条期可以涌现出大量的企业家。当一个充满着不确定性的时代来临时，我们就会寻找其他的盈利途径。当我们知道我们不能依靠自己的雇主时，我们就开始依靠自己。我们开始考虑走出安乐窝，通过更有创意的方式来养家糊口。

有一份美联储的调查显示：创业者的家庭净资产是普通雇员的五倍。这意味着创业者从经济危机中安然无恙地走出来的几率是普通雇员的五倍。而且危机往往会让他们变得更强大，因为他们为自己创造了繁荣的经济，而不是依靠外部的经济环境。

最近，另一个调查显示：大多数美国选民都认为创业是解决当前经济危机的关键。该调查的执行理事说："历史反复证明，新的公司和创业精神是改变经济疲软态势的最佳方式。"

这真不是开玩笑。

也许这些"大多数美国选民"真会采取一些创业行动，这的确有可能。但现在，我最希望看到的还是你的创业行动，我希望看到你们来推动我们的经济走出低谷。

对大多数人来说，现在经济形势确实不容乐观。但是对一些创业者来说，特别是对于那些能够接受我在下面几章将讲到的新事物的创业者来说，现在是机会最多、发展潜力最大的时代。我甚至可以说，没有哪个时代比现在更适合创业！

我一直强调，当时局变得艰难，真正强悍的人才可以站出来。如果这句话是真理的话，那么我们只剩下两个需要思考的问题。

第一个问题是：你愿意变得强悍吗？如果答案是肯定的，那么接下来第二个问题是：你将站出来做什么？第一个问题我是没法帮你回答的，但是第二个问题我深有研究，回答这个问题也正是我写这本书最主要的目的。

第3章

你生活在哪个象限

你辛辛苦苦工作了很多年,在公司的等级阶梯上不断地向上爬着。也许你现在还处在阶梯的底部,或者你已经快接近顶端了。其实你处在等级阶梯的什么位置并不重要,重要的是你有没有在苦苦爬行的时候停下来问一问自己:这个梯子是靠在哪儿的?

史蒂芬·R.柯维指出,你在梯子上爬得有多高或有多快并不重要,重要的是这个梯子是不是靠在一面正确的墙上。

本章的目的就是让正在爬梯子的你停下来,看一看你的梯子到底靠在哪里;还有,如果梯子没有靠在你喜欢的地方,那么应该把它移到哪儿呢?

你是通过什么方式赚钱的

大多数人都会认为,所谓的财富状况指的要么是他们挣的钱，要么是他们自身的价值，或者是两者的结合。当然，这种观点是有一定道理的，《福布斯》杂志就把"富人"定义为年收入在100万美元以上的人，而穷人则是年收入在2.5万美元以下的人。

但是我想说的是这种观点所反映的只是钱的数量，其实更为重要的是钱的质量。换句话说，"你挣多少钱"没有"你是如何挣钱"重要。我总结出四种金钱来源方式，每一种都和其他三种不同，而且每一种都代表着一种截然不同的生活方式。它们和钱的数量没有太大关系。

当我写完《富爸爸穷爸爸》后，我又写了一本关于四种金钱来源方式的书，书名为《富爸爸财务自由之路》。我一直认为这是我写的最重要的一本书，因为这本书所谈论的正是那些决定在生活中作出改变的人们所面临的最为关键的问题。

现金流象限所代表的是四种不同的产生现金收入的方法。比如说，E象限的人主要是通过得到一份工作为他人、公司打工的方式来挣钱；S象限的人主要通过为自己打工来挣钱，不管是凭借个人的某项技术还是做小生意；B象限的人一般指那些拥有较大规模企业的企业主（一般员工超过500人）；而I象限的人则通过各种投资渠道来挣钱，换句话说，他们是用钱来生钱的人。

E=Employee（雇员）
S=Self-employed or Small-business owner（个体工作者）
B=Business owner（企业主）
I=Investor（投资者）

你生活在哪一个象限中？换句话说，你的大多数财富是通过哪种方式获得的？

E 象限

对大多数人而言，我们每天都在学习、生活、爱与被爱，然后在 E 象限中待一辈子。因为从摇篮到坟墓，我们的教育体系和文化都在训练我们如何在 E 象限的世界走完这一生。

这个象限的行为哲学也就是我的穷爸爸所教我的。你成长过程中所学到的行为哲学大概也如此：去学校努力学习，考高分，然后在一家大公司找到一份高福利的工作。

S 象限

为了追求更大程度的自由和自主权，许多人会从 E 象限跳到 S 象限。在 S 象限的人往往会为了实现自己的美国梦而发愤图强。

S 象限的人收入方式范围极广，从低端的职业保姆、园艺师一直到高收入的私人律师、顾问和演讲者。

但不管你每小时挣 8 美元还是每年挣 8 万美元，对你来说，S 象限都是一个陷阱。也许你以为自己通过自谋职业炒掉了自己的老板，其实你只是换了一个老板而已，你在本质上仍然是一个员工。唯一不同的是，以前遇到问题的时候，你可以埋怨老板，而现在你只能埋怨自己。

S 象限并不好混，这是一个吃力不讨好的地方。每个人都可以找你的茬儿。政府会找你麻烦，你每周有整整一天的工作酬金全都用来缴税了；你的员工会找你麻烦；你的顾客也会找你麻烦；甚至连你的家人都会对你表示不满，因为你很少有空闲时间来陪他们。但问题是，你怎么可能有空闲时间。如果你休息的话，你就要亏本。你之所以没有自由支配时间，是因为你一旦停下来，你的现金流也就断了。

我们不得不承认，S 象限所代表的其实是奴役[①]：表面上是你拥有一份产业，但实质上是产业拥有你。

[①] 奴役的英文单词 slavery 也是以字母"S"开头。——译者注

B象限

B象限的人会创办大型企业。他们不同于S象限的人。因为S象限的人是为自己的产业卖命，而对B象限的人来说，产业在为他们卖命。

我拥有许多B象限的企业。我的制造业企业、房地产公司和矿业公司都是属于这一类。

在B象限生活和工作的人是不怕经济衰退的，因为他们把握住了自己收入的源头。

I象限

对于投资，我没有接受过什么高深的财商教育。我的富爸爸是通过和我一起玩大富翁游戏把我带到I象限的。我通过这种简单的方法懂得了投资的原理：当你有了四个绿色的房产后，把它们卖掉就可再去买一个红色的旅店。

换工作不等于换象限

下面我要告诉你们懂得这四个象限区别的重要性。你是不是经常看到这样的人：他们总是抱怨自己的工作，然后决定跳槽；但没过几年，他们又开始像从前一样抱怨起来。

"我工作得越来越努力，但却没有得到提拔。"

"每次我的加薪都会被更高的税率和更高的物价抵消。"

"我真想去做（括号里可以填各种内容），但那意味着我得重新回到学校学一个新专业，这可折腾不起！"

"我的工作糟透了！我的老板糟透了！我的人生糟透了！"

说这类话的人一定都是被困住的人，他们并不是被某一份工作困住，而是被困在某一个象限中。人们常常犯的一个错误就是当他们决定在生活中作出一些改变时，他们往往换一份工作。但其实换一个象限才是他们真正要做的。

大多数人都生活在左边的两个象限中，即E象限和S象限。因为我们从小到大就是被这样教育的。长辈们总是告诉我们："取得好成绩，这样你才能找到好工作。"但在B象限中，你的成绩并不重要。你的银行经理绝不会要求看你的成绩单，他们想看的只是你的财务状况。

只有脱离传统的工作结构，创造你自己的资金来源，你才能够经受住经济风暴的摧残。因为你与年收入、你的老板或经济环境已经没有直接的依赖关系。你才是自己收入的决定者。

有80%的人都生活在图中左边两个象限中，特别是E象限。人们告诉我们：这里最安全。但在右边的B象限和I象限才有真正的自由。而且只要你愿意，你就可以生活在这两个象限中。当然，如果你更喜欢左边相对安逸的生活，那也许我所说的这些东西对你用处不大。这个决定完全由你来作。

你到底生活在哪个象限？

你到底希望生活在哪个象限？

第 4 章

核心财富观

这四个象限所代表的不仅仅是不同的生意模式，其实更是四种截然不同的生活方式。你到底选择哪一种模式来获得你大多数的收入，这与你的教育、培训、经济形势、出现在你周围的机会等外在环境之间的关系并不大。你的核心主观因素起到的作用会更大，这包括你的优点、缺点及你的主要兴趣点。

归根结底，你处在哪一个象限是由你的核心财富观决定的。正是这个财富观让你被某一个象限所吸引，或是让你远离某一个象限。

掌握这一点非常重要，因为从 E 象限或 S 象限换到 B 象限并不像到邮局改一个地址那样简单，要实现这一转变，你不但要改变自己所做的事情，还要真正改变自己，至少改变自己思考问题的方式。

有的人喜欢当雇员，有的人则恨透了给别人打工；有的人喜欢拥有自己的公司，但又不愿意管理公司；有的人热衷于投资，有的人则觉得投资风险太大。我们每个人都同时具有多个象限的属性。但需要注意的是，在每个象限里都有穷人和富人。在同一个象限中，有的人拥有好几百万的资产，有的人则无奈破产。也就是说，不管你处在哪一个象限，并不意味着你都能在这个象限中发财。

要想知道人们处在哪一个象限，你只需要听一听他们所说的话就行了。当我9岁时，我经常坐在我的富爸爸身旁看他面试别人。通过这些面试者我学会了如何发现他们的核心价值观，富爸爸说这种价值观源自他们的内心。

以下就是不同象限的人们常常挂在嘴边的话，以及他们的核心价值观：

E象限的核心价值观

　　"我要找一份高收入、高福利的稳定工作。"

　　对于生活在E象限的人来说，他们的核心价值观是安全感。

　　也许你是一位收入很高的公司副总，但你的核心价值观可能和公司的门卫一样，虽然门卫的工资不到你的1/10。所以说，不管是门卫还是老总，E象限的人常常挂在嘴边的话是"我要找一份福利好的稳定工作"，或是"我的加班工资有多少"，抑或是"我有多少天带薪假期"。

如果你同E象限的人说"我是多么想创业"，他们一定会问你"但你不觉得风险太大了吗"。我们每个人都有着自己的核心价值观。让一个人欣喜若狂的东西另一个人也许避之不及。这就是为什么每当和E象限或S象限的人聊天时，我一般只会谈论天气、体育或电视上热播的节目。

S象限的核心价值观

"如果你想做好一件事，那就得亲自出马。"

S象限的人最核心的价值观是独立。他们希望能自由地做自己喜欢的事情。如果一个人说"我要辞掉工作自己单干"，那么他就选择了从E象限跳到S象限。

S象限的人也五花八门，包括小个体户、夫妻店经营者、专家、顾问等。我有个朋友就属于这个象限的人，他专门帮有钱人在家里安装大屏幕电视机、电话系统和安保系统。他只有3个员工，但他已经很满足。同这个象限的房地产经纪人和保险销售员一样，他也工作得特别卖命。这个象限大多是一些专业人士，如医生、律师和顾问等，但他们又不属于任何一家大型医疗、法律和顾问公司。

这个象限的人为自己能自食其力而感到自豪。如果他们有一首属于自己的主题曲的话,那么这歌名不是《没人比我更专业》就是《我行我素》。但在他们所谓的"独立"背后,你会发现这一类人对生意充满了不信任感。这也反映了他们对生活的不信任感,因为一个人对生意的看法决定了他对生活的看法。

S象限的人的收入一般都依赖佣金或工作时间。他们常常会说"我的佣金是成交价的6%",或是"我每小时收取100美元的费用",抑或是"我的收费是成本加10%的提成"。

我遇见过许多很难从E象限或S象限向B象限过渡的人。他们大多是一些有极强的技术或管理能力但缺少领导力的人。我的富爸爸常对我说:"如果你是一个团队的领导,但同时你又是整个团队最聪明的人,那你的这个团队就危险了。"S象限的人往往不善于团队协作,也许他们不善于处理个人与集体的关系。

从E象限或S象限跳到B象限是一个质的飞跃。要完成这个飞跃你所需要的不是技术,而是领导力。正如我以前常说到的一样:在真实的世界里,考A的学生往往为考C的学生打工,而考B的学生则为政府工作。

如果你常常对自己说:"如果你想做好一件事情,那就得亲自出马。"或者你心里是这样想的,那么你现在有必要重新审视一下这个理念。

B象限的核心价值观

"我在为我的团队寻找最优秀的人。"

B象限的人最为核心的价值观是创造财富。

那些白手起家并最终建立起B象限大型企业的人,往往是拥有远大志向的人。他们所重视的是一支高效协作的伟大团队,他们希望能够为尽可能多的人服务。

S象限的人希望自己成为某个领域最优秀的人,而B象限的人则希望把各个领域最优秀的人集合起来组成一个团队。亨利·福特的身边充满了比他聪明的人。与此相反,S象限的人往往就是一间屋子里最聪明或最有才华的人。

当你拥有一家B象限的大型企业时,你身边经常会出现许多头脑比你聪明、经验比你丰富、能力比你强的人。我的富爸爸就没有接受过什么正规的教育,但我发现同他打交道的都是银行家、律师、会计、投资顾问和专家,他们大多数人的学历远高于他。为了给自己的公司集资,他经常和比他还富有的人在一起。如果他的口号也是"事必躬亲才能做好事情",那他现在一定是一事无成。

在收入方面,B象限的人就算不工作也可以赚钱。但大多数情况下,如果一个S象限的人停止工作,那么他就没有收入了。所以,你现在有必要问一问自己:"如果我今天不再工作的话,还能挣多少钱?"如果你的收入在你不再工作后6个月内就完全停止的话,那你很可能是属于E象限或S象限的人。对于 B 象限的人，就算他们几年不工作，也不用担心收入问题。

I 象限的核心价值观

"我的投资回报率是多少？"

I 象限的人最关注的是自己的财务自由。他们很喜欢用钱来赚钱的感觉，而不是亲自去赚钱。

投资者会寻找多种投资途径。他们可能选择投资黄金、房产或实业，也可能选择股票、债券或共同基金等纸面资产。

如果你的收入是来自于公司或政府的退休养老金，而不是来自于自己的投资知识，那你的收入就是来自于 E 象限。换句话说，你的老板或公司所支付的钱是你用多年的工作换来的。

投资者常常挂在嘴边的话是"我的这些资产能带给我 20% 的回报率""给我看一看公司的财务状况"或"这笔资产的长期待摊费用是多少"。

不同的象限，不同的投资方式

今天我们每个人都需要学会投资。但学校并没有教我们多少投资的知识。有些学校开设有关如何选择股票的课程，但在我看来那根本不是投资，而是赌博。

几年前富爸爸曾对我说，大多数雇员都会选择投资共同基金，或是干脆把钱存起来。他还说："你在某一个象限获得成功，不管是在 E 象限、S 象限还是 B 象限，并不代表你能在 I 象限也能取得成功。医生往往是最糟糕的投资者。"

我的富爸爸还告诉我，不同象限的人投资的方式也是不同的。比如我们可能会听到一个 S 象限的人说："我才不愿意投资房产呢，因为我可不想自己修马桶。"面对同样的投资，B 象限的人也许就会说："今晚我想找一家好一点的物业公司来帮我修马桶。"也就是说，S 象限的人总认为他们要亲自当房子的维修工，而 B 象限的人会找物业公司来搞定这些事情。由此可见：不同的人拥有不同的思维方式，不同象限的人拥有截然不同的价值观。

说到这儿，你大概已经领悟到我要说什么了。对，我想表达的观点其实很简单：如果你想变得富有，那么你就换一个象限。你所需要的不是一份新的工作，而是一种新的思维方式。

如果你想掌控自己的生活和命运；如果你要追求真正的自由——所谓真正的自由，就是你可以自由地作决定，自由地定时间，自由地陪家人，自由地独处，自由地做自己喜欢的事情；如果你想过上属于自己的生活——充满激情和富有意义的生活；总之，如果你既想让自己富有又想让自己的生活丰富多彩，那么你现在就必须收拾东西，转移阵地！

没错，现在是你离开左边的那两个象限进军 B 象限和 I 象限的时候了！

第5章

创业者的心态

大学毕业以后,为了能成为一名接受过培训和教育的企业家,我来到一所传统的商学院攻读 MBA 学位。但仅仅 9 个月后我就离开了这所学校。显然,离开的时候我并没有拿到 MBA 学位。

而现在,许多商学院都邀请我去给学生作创业方面的讲座,这是不是颇有讽刺意味?

在讲座上学生们常常问我的一个问题是"你是怎样找到投资人并筹到资金的"。我很理解他们为什么会问这些,因为当年我放弃一份稳定的工作开始自己创业时,我也被这些问题折磨过。当时我身无分文,也没有人愿意给我投资,大型风险投资公司也不会主动找上门来。

那我是怎样回答这些学生的呢?我告诉他们:"你去做就行了。因为你必须去做。如果你不做,你就要失业。今天,即便我已经拥有了足够的资金,但我每天所做的事情还是集资。对于创业者来说，没有什么事情比筹集资金更重要。我们主要是通过三类人集资：顾客、投资人和员工。作为创业者，你的工作就是让顾客买你的产品。如果你能让顾客出钱买你的产品，投资人就愿意为你投入大量的资金。如果你还有员工的话，你要做的就是让他们生产产品，而且他们为你带来的利润一定要高于他们工资的十倍。如果达不到这个比例，你就很难在行业内生存下来。而如果你连生存下来都有问题，你也没有必要去集资了。"

这并不是大多数攻读 MBA 学位的学生想听到的回答。因为大多数人想得到的是一个神奇的公式，一个秘密的配方，一个让他们马上成为百万富翁的商业规划方案。甚至这也不是商学院的教师们想听到的答案，因为当我说这些时我注意到他们的表情很不自然。为什么会这样呢？因为虽然他们要教学生如何创业，但他们自己大多不是创业者，要不然他们怎么会如此迷恋教师这份稳定的工作呢，并且还想获得终身教师职位。

我并不是想说你们需要筹集资金。相反，根据我在这本书中将与你们分享的这种生意模式，你们在创业的过程中根本不需要集资，因为这项工作早就有人为你们完成了。你们所要做的只是构建自己的营销网络。

我想说的是，创业者最大的特征就是他们能让看似不可能的事情成为可能。要想成为一名创业者，你需要从乘客座位上站起来，走到公交车的前面，坐到驾驶员的位置，然后开始驾驶你人生的这辆车。

创业者需要哪些素质

创业者是这个世界上最富有的人。有许多创业者是我们耳熟能详的,如理查德·布兰森、唐纳德·特朗普、奥普拉·温弗瑞、史蒂夫·乔布斯、鲁伯特·默多克和泰德·特纳等。但其实还有许多更有钱的创业者是你我都不知道的,因为他们远离媒体、安静地过着他们富足的生活。

我经常听到人们疑惑地问道:"创业者是天生的,还是后天培养的?"有人认为,只有特殊的人或在某种魔力的作用下才能成为创业者。而在我看来,成为一名创业者并不是什么神乎其神的事情,你只要行动起来就行了。

我可以给你们举一些例子。在我家附近有个青少年办了一个专门提供为别人照顾小孩这一服务的小企业。她把自己的初中同学都找来帮她工作,在我看来她就是一个优秀的创业者。另一个小男孩放学后会做一些零活,他也是一个优秀的创业者。孩子们往往初生牛犊不怕虎,相比之下,成人们在这方面就显得畏首畏尾多了。

现在成千上万的人都梦想辞掉自己的工作去创业,去开办自己的企业。但问题是,这个想法永远只是一个梦想而已。为什么他们没能实现自己的梦想呢?

我有个好朋友,他是一位非常优秀的发型设计师。他拥有一双让女人变得无比美丽的神奇的手。多年来他一直声称要开一家自己的发廊。他的计划倒是很宏伟。但遗憾的是,直到今天他还在人家发廊里打工，经常受老板的气。

而另一个朋友的妻子则厌倦了当空姐。两年前她辞掉了工作来到学校学习发型设计。就在一个月前，她的发廊隆重开业了。由于发廊的档次很高，许多优秀的发型师都被吸引过来。

当我前面提到的那位朋友听说了这件事后，他说道："她怎么可能开发廊？她根本就没有天赋，也没有像我一样在纽约接受过专业培训，而且她也没有什么工作经验。我敢保证她的发廊一年内就会倒闭。"

也许一年内她的发廊的确会倒闭。因为数据显示，有90%的新公司无法安全度过最初的5年；但另一方面，她也有可能会成功，因为她选择了去尝试。懂得勇气在生活中的重要性，发现、培养自己的才能，并用自己的才能为这个世界作贡献，这是一件很需要勇气的事情。

在美国那些买彩票中了300万美元以上大奖的人中，有80%的人都会在3年内破产。为什么会这样？因为金钱本身并不能让你变得富有的。这些人的银行账户上也许会多几个零，但如果他们不改变自己的心态，仅仅凭借这些数字是无法真正变富的。

你的想法没有边界，能够局限你的只有你对自己的怀疑。安·兰德在《阿特拉斯耸耸肩》一书中写道："财富是人类思考能力的产品。"所以，如果你已经作好准备让你的生活出现改变，我将为你介绍既能让你思维飞扬又能让你财源滚滚的方法。

你长大后想成为怎样的人

小时候，我的穷爸爸经常告诉我，好好上学，取得好名次，这样我才能找到一份稳定的工作。他为我设计的是一条通往 E 象限的道路。我的母亲则总是要求我成为医生或律师，她说："这样的话你就总能靠自己的专业养活自己。"她为我设计的是一条通往 S 象限的道路。我的富爸爸则教导我，如果我长大想成为有钱人的话，我就应该去做企业家或投资者。他为我设计的是一条通往 B 象限和 I 象限的道路。

当我从越南战场上回来以后，我所面临的就是对这三条道路进行选择的问题。现在，你也面临着同样的选择。

自己创业很重要的一个原因就是要重拾自己的尊严。

千万不要小看了这个原因。这个世界充满了仗势欺人之辈和世俗小人。不管这些人是你的老板、经理，还是你的邻居或朋友，我猜你早就不想让他们继续对你指手画脚、颐指气使下去了。你迫切地需要掌控自己的生活，你迫切地需要拥有"忽视这些人的存在"的勇气，你迫切地需要思考与行动的自由。

玛莎拉蒂式心态

现在让我们回到之前的那个问题：你现在到底生活在哪个象限？你现在大概已经认识到从一个象限到另一个象限意

味着什么了。不同象限所代表的不仅仅是不同的生活模式，更是不同的对待生活的态度。

对，我们在讨论创业，但同时我又不是在谈论创业。这只是创业的一种外在表现，就像一位马车夫坐在玛莎拉蒂跑车的驾驶员位置并不能让他成为一位赛车手一样。要成为赛车手他必须接受专业的技能培训和训练，最重要的是他需要有赛车手的心态。

在理财方面也是同样的道理，你必须拥有创业者的心态。而创业者心态最为本质的一点就是：自己的命运由自己决定。你要让创业成为现实，抱怨他人或外界是没有任何意义的。

但这并不是说你要像我当年那样从零开始。21世纪的生意模式最大的好处就是所有的基础工作别人都已经帮你做好了，你需要的只是找一个有经验的人给你指点一下。

但你要知道，既然你可以做，任何一个想让创业成为现实的人也可以做。所以，你一定要拥有创业者的心态。如果你没有这一心态的话，不管你的生意模式有多么好，或你的导师有多么优秀，你的企业都会步履维艰。

我在本书第二部分要介绍的生意模式就是这样一辆玛莎拉蒂跑车，你就是它的驾驶员。最终成功与否都取决于你。你作好准备发动这辆跑车了吗？你具备驾驶它的条件了吗？

第 6 章

控制自己的收入来源

　　1985 年，我和妻子金落魄到了无家可归的地步。我们都没有工作，积蓄所剩无几，信用卡更是已经严重透支，我们只能住在我们那辆棕色的老丰田车里，把座椅放倒当床用。这样的生活持续了一周之后，我们终于体会到了这个世界的残酷性。但我们也明白了我们是谁，我们在干什么，我们下一步应该做什么。

　　当一个朋友发现我们的困难后，马上把她的地下室腾出来给我们住。不管是朋友还是家人，当他们看到我们过得如此狼狈时，首先会疑惑地问："你们为什么不找一份工作？"刚开始我们还想跟他们解释，但后来发现真的很难跟他们讲清楚我们这样做的原因，虽然他们都是为了我们好。面对一个在乎工作的人，你是很难跟他讲明白为什么你不需要找一份工作。

　　当时我们通过做些零活挣些小钱，但这么做仅仅是为了填饱肚子，保证我们的家有汽油烧（因为我们的家就是一辆车）。

我承认，有时当我被强烈的自我怀疑感包围时，一份按月发薪水的工作确实会显得很有吸引力。但稳定的工作并不是我们追求的目标，所以我们继续坚持着，每天都战战兢兢地生活在破产的边缘。我们知道，找到一份稳定的工作对我们来说并不难。我们俩都是大学毕业生，既有良好的职业技能，也有不错的职业道德。但那不符合我们的志趣，我们所追求的是真正的财务自由。

到了1989年，我们已经成了百万富翁。

我经常听人说："想赚钱必须有本金。"这绝对是胡说！我和妻子只用了短短4年时间，就从无家可归者成为百万富翁。又过了5年，我们完全获得了财务自由。而起初我们不但没有本金，还欠了一大笔债，一路走来也没有人帮过我们大忙。

除了本金，教育也不是一个必要条件。对于传统的职业来说，正规的教育很重要；但是对于想真正创造自己财富的人来说，教育就没有那么重要了。

既然钱和教育都没有我们想象得那么重要，那获得财务自由到底需要什么呢？它需要梦想、坚定的决心、快速学习的意愿，而且需要意识到自己处在哪个现金流象限。

努力工作并不能让你变得富有

在我们的文化中有一种很奇怪的说法：只要你努力工

作，你就可以过得不错。其实这种说法很荒谬。可悲的是，大多数的人都像被洗脑了一样接受了这一理念。他们如此地相信这一点，以致他们身边无数的反例都无法让他们认识到这一说法的错误性。

什么反例？你向你的四周看一看，难道就没有一个辛勤工作了大半辈子、但最后生活水平仅仅停留在维持着"基本温饱"的人吗？

你身边肯定有这样的人，我们每个人身边都会有。这个世界充满了努力工作却无法过上好日子的人。但更糟糕的是，这些可怜的人还把自己的遭遇归结于自己的错误和失败。再仔细看看，难道他们不是把每件事都做得很好了吗？为什么还是不行呢？是不是因为他们还不够努力，或是他们运气不好，抑或这就是他们的命运？

不对，这些猜测都不对。真正的原因只有一个，那就是"努力工作就可以过上好日子"只是一个神话。

千万别误会我，我并不是说创造财富、获得财务自由不需要努力工作。它需要，而且会特别辛苦。我只是希望你别幼稚地相信别人会告诉你不费吹灰之力的致富之路。如果你是这样的人，那我可以给你介绍一条好路：你比较适合去投资次级抵押贷款和信用违约掉期。

创造财富、获得财务自由是需要付出许多汗水的。这一点大家一定要明白。那么接下来我们要讨论的问题就是：我们应该把汗水洒在什么地方？

我似乎听到你在疑惑："努力干什么？当然是努力赚钱啦！"但你别这么快下结论，因为在这一错误观点背后还隐藏着一个冷酷的现实：**努力赚钱并不能创造财富。**

那些为了有更多收入的人越努力工作，他缴的税就越多。忘掉努力赚钱吧，那样你只是在重复花完钱又赚钱的机械劳动。

也许你又问："好吧，那我应该干吗？"答案是，你应当重新夺回控制权。

控制什么？毕竟，不管你如何努力，生活中大多数事情都是我们无法掌控的。比如说你无法控制市场，你无法控制你的员工，你也无法操纵经济。那你能控制什么？你能控制的就是你收入的来源。

问 题

创办公司的确是很多人成为富人的方法，比如比尔·盖茨创办了微软，迈克尔·戴尔在宿舍创办了戴尔电脑公司。但是纵观历史，真正存在于B象限的人少之又少。因为虽然B象限是积累财富最好的地方，但它的门槛也很高，因此很多人都被拒之门外。

首先，大多数人都没有创办公司的起步资金。现在创办公司的平均创业资金为500万美元。其次，从零开始创业的风险也极高，新公司在其最初创办五年中的失败率为90%。如果你创业失败了，失去500万美元的那个人就是你。我在创业早期经历了两次失败，虽然没有到破产的地步（我从来没有得到过政府的任何救助），但我还是交了几百万美元的学费。

一般来说，当你创办企业时，你要保证你能付得起租金、设备和其他基本支出。此外，你还要保证有足够的资金给员工发工资及支付经销商的提成。如果做不到这些，你就很难把企业做下去。你猜谁是其中唯一没有被支付工资的人？没错，就是你自己。在创办企业的过程中，我指的是成功的企业，你在最初的5～10年拿不到一分钱。这是再正常不过的事情。

还记得我和金曾在我们那辆旧丰田车里生活了很久的事吗？这一点也不好玩，我们本可以找一份工作让我们有地方住。但不管那样有多艰苦（相信我，当时的确相当艰苦），我们还是选择了无家可归，而不是选择找一份工作。因为我们有成为企业家的信念，我们相信自己能生活在B象限。

大多数人是没有足够的恒心来面对这一切的。不管是在精神上、身体上、感情上，还是在对财富的执著追求上，创业都是对人的极大考验。成功有时会是一件挺残酷的事情，或者说，大多数情况下都是如此。

特许经营

特许经营的风险要小很多，特别是加盟像麦当劳或赛百味这样已经很成熟的连锁品牌，它能让你成功的机会增大不少。因为你的许多基础性工作已经被省去。但即便如此，你还是要面对一个最大的问题——资金。加盟一家知名品牌的资金大概在 10～150 万美元之间，而且这只是用来购买特许经营权的资金。此外，你还要向总部支付培训、广告和保证金。

就算连锁店总部为你提供支持，你也没有绝对的把握获得成功。有的人在连锁店赔钱的情况下，还不得不向特许权人或总部交钱。就算你属于成功的那一部分人，你的连锁店在最初几年也不可能为你带来利润。总体看来，每三个连锁店中有一个会倒闭。

我的穷爸爸在 50 岁时鼓起勇气竞选夏威夷州州长，而当时在任州长就是他的上级。结果穷爸爸不但落选，还被上级解雇，并被告知以后再也不能在夏威夷工作。无奈之下他把全部的积蓄投资到一个当时号称是"稳赚不亏的特许经营"上面。

这个"稳赚不亏的特许经营"最终还是亏了，我的穷爸爸损失惨重，可以说是血本无归。

从理论上说，特许经营是一个很好的选择，但实际上它还是一场赌博，一场你得带着一大笔钱才能玩得起的赌博。

被动收入的力量

你有没有使用过弹簧式的水龙头？由于能节约水，这种水龙头常常被安装在公共厕所内。你要用水时必须一直按住开关,因为你的手一旦离开,水流就会停止。

许多人的收入模式就像这种水龙头一样:在你努力工作时稍微有一点水流出来,但你一松手,水龙头就自动关闭。这样你是无法获得财务自由的。你现在需要的是另一种水龙头,一种一旦打开水就哗哗流个不停的水龙头。

可是我所说的收入并不只是你今天、明天或下周的收入,而是你长期的收入保障。这就是"被动收入",或者也被称为"剩余收入"。具体来说,就算你已经停止投入精力和资产,还能源源不断提供回报的收入。

来到B象限,你已经向获得被动收入迈出了一大步,但并不是所有的生意都能给你带来被动收入。比如说,如果你开一家餐馆,那你只有在卖出一桌菜时才能得到收入;如果你开一家维修空调的公司,那么你只有在提供这一服务时才能得到收入。就算是那些收入很高的医生或律师也只有在给人看病或会见客户时才能得到收入。如果恰巧在某一个星期内没有病人或客户来寻求你的服务,那你收入的水龙头就被关上了,这一个星期你都不会有什么收入。

大多数人所需要的正是得到被动收入的途径。基于这一点认识,我和唐纳德·特朗普一起合作,对多种能够产生被动收入的生意模式进行了评估,这一评估的结果被写入《让你赚大钱》一书中。

顺便说一句,这不只是个书名,而是我们的肺腑之言,我们真的希望你们变得富有起来。财富不是一个零和游戏[①]，如果你有钱了，并不意味着我、特朗普或其他人的钱就会变少。我们生活在一个极度富足的世界里，它有着足够的能源、材料、智慧、创造力，它们能让这个星球上的每个人都变得富有起来。

你猜我和特朗普在研究过程中发现了什么？在众多生意模式中我们找到了一种特别好的模式。这种模式既能够给你带来被动收入，又不需要太多的创业资金，日常支出也特别少。此外，在起步阶段，你还可以仅仅利用业余时间来管理它，等它能为你带来足够的现金流后，你就可以慢慢地从全职工作中解放出来，全身心地投入创业当中。

这一生意模式就是网络营销！本书在接下来的内容中将详细介绍这一生意模式。

[①] 零和游戏来源于博弈论。两人对弈，在大多数情况下，总会有一个赢一个输，如果我们把获胜记1分，失败记-1分，那么，两个得分之和就是 1+（-1）= 0。——编者注

第二部分

一种模式，八种资产

——网络营销未来能给你带来稳定财富的八个理由

第 7 章

我对这个行业的了解

首先我要坦白：我从来没有真正从事过网络营销这个行业，我也不是某家网络营销公司的网络营销员，也没有任何网络营销公司的股份，更不会向你们推荐某一家具体的网络营销公司。但是多年来我一直很看好这个行业，并不断向人们推荐网络营销这种模式。在下面的内容中我会告诉你们我这样做的原因。

我第一次接触到网络营销是在 1975 年。当时有个朋友邀请我参加一个关于新商业机会的演讲会。由于我一直有调查新的经营和投资机会的习惯，所以就同意了。这个演讲是在私人家里举行的，这一点让我感到很奇怪。

那个作演讲的人滔滔不绝地说了 3 个小时。他不断强调辞掉工作自己创业的价值，大多数观点我也都很赞同。在演讲会结束后，朋友问我对网络营销有什么看法，我说："很有趣，但是不适合我。"

我已经创办了属于自己的企业，为什么还要跟其他人一起创业？再说，这可是网络营销，我都没有完全弄明白这个东西。虽然当时我还自以为是地认为我已经懂了，而且很确定它对我没有什么价值。

那次演讲会后不久，我和另外两个朋友创办的尼龙钱包公司发展得如日中天。我两年的付出终于得到了回报，成功、名誉和财富都源源不断地涌向我们三人。之前我们曾发誓要在30岁前成为百万富翁，梦想不经意间就这样实现了。（在20世纪70年代，100万美金还是个不小的数目。）《冲浪者》《跑步者世界》和《绅士季刊》各大知名杂志都专门刊登了我们的公司和产品。我们成为体育用品领域的一匹黑马，我们的产品遍布全球。我都快被这巨大的成功冲昏了头脑。

至少在10年内我想都没有想过要接受网络营销这种生意模式。

茅塞顿开

几年后，我的思路逐渐被打开。我的尼龙钱包公司几年后倒闭了，这对我打击很大。当然，这个打击也有它积极的方面，因为它让我更加细心地审视这个世界，并提出了一些疑问。我开始理解富爸爸之前跟我讲过的话，我的眼界也变得越来越广。终于，我创办了一个又一个企业，同尼龙钱包公司不同的是，这些企业都成功地经营到了今天。

这些年里，我不但想变得富有，而且还有了一个新的想法，那就是让其他人也变得富有。我意识到个人的成功虽然是一件很有满足感的事情，但帮助更多的人成功则更有意义。

在接下来的15年，我不断地听到关于网络营销的负面信息，而且大多都是从我所认识的人那得知的。最后，我决定对其敬而远之。

但在20世纪90年代初期，我认识了一位名叫比尔的朋友。他有数百万美元的资产，现在已经退休。我们聊得很投机，他说他正在尝试网络营销！

比尔是一个非常睿智、非常精明的人。当时他刚完成了一个价值超过10亿美元的商业房地产项目。所以我很疑惑：这样一个人为什么要进入网络营销这一行？

他对我说："许多年来，别人都向我请教房地产投资方面的技巧。他们很想和我一起投资，但是他们没资格。因为他们手上连5～10万美元的本钱都没有，因此很难在房地产投资方面获得我这样大的利润。

"其实他们很多人手头上根本没钱，有的人甚至是就靠着两个月的工资维持生计。所以他们总在寻找那些低投入项目，而低投入的项目往往又是很差的投资选择。而在网络营销这一行业，我却可以帮助他们筹到投资所需要的钱。我所帮助的人越多，我自己的投资人也会越多。

"此外，我喜欢和这些渴望学习和成长的人一起工作。和房地产界那些自以为什么都知道的人一起共事太没意思了。而在网络营销领域，和我一起共事的都是会为新的想法而感到惊喜的人。"

我们谈了一会儿后我就赶往机场了，但在接下来的几个月我们仍保持着对这个话题的讨论。我们谈得越多，我对网络营销的敬意也越来越高。

1994年，我开始认真研究这个行业。我参加了每一个关于网络营销的演讲会，并非常用心地听了每一场演讲。我还研读了许多家网络营销公司的宣传册，查阅了它们的历史记录，就像我以前研究其他投资项目那样努力。为了获取更多的信息，我甚至加入了几家网络营销公司，从而得到局内人的经验。

后来我开始结交那些网络营销公司的领导。让我吃惊的是，这些人不但聪明、和蔼，而且还拥有过人的精神力量和过硬的专业素养。在商界摸爬滚打这么多年，这样优秀的人并不多见。在我消除了对这个行业的偏见并开始认同和尊重这个行业的人以后，我才看清楚这个行业的本质。这个发现让我非常吃惊。

当我在1975年第一次接触到这个概念时，我的心并没有对它敞开；但20年后，我的看法发生了翻天覆地的变化。

有人问我："你自己并不是通过网络营销致富的，为什么还要向人们推荐这种生意模式呢？"

其实，正因为我的财富不是通过网络营销获得的，我对它的评价才更客观。我是在已经创造了自己的财富、获得财务自由以后，才从旁观者的角度来审视这一行业的。

与此同时，如果今天要我一切从头开始的话，我肯定不会再选择传统生意，而会选择网络营销。

什么是网络营销

我已经说过，我从来没有直接参与过网络营销。但我认识的人中有直接参与者，所以在下文中，我将邀请他来和大家分享他对这个问题的看法。

这位朋友名叫约翰·弗莱明，他最早是一名建筑师（曾在传奇人物密斯·范·德·罗[①]手下干过）。他对网络营销就像对设计和建筑一样充满激情，这一点我非常欣赏。换句话说，他是一个信奉稳定建筑结构这一价值观的人。

在这本书中，约翰把他将近40年的网络营销经验都拿出来和大家分享了。他不但拥有自己的网络营销公司，还在其他多家网络营销公司担任行政职务，包括在这个行业内最大、最知名的一家公司担任地区副总裁及销售策略、培训和发展等部门的副经理。他还积极参与了行业内多个贸易集团的事务。1997年，美国网络营销教育基金会授予了约翰行业

[①] 德裔美国建筑师，建筑风格无可争辩的领袖人物。——编者注

内的最高奖项——荣耀之星奖。现在，约翰还担任《网络营销新闻》的出版人和主编，这是针对网络营销行政人员的一份知名杂志。

罗伯特：约翰，有许多人还不了解，到底什么是网络营销？它到底是怎样运转的？

约翰：自从20世纪中期，网络营销就以各种不同的形式出现了。其基本理念很简单，也很精妙：与其把大量资金花在用于推销产品和服务的各种专业机构和营销途径上，不如把这些钱直接返还给真正喜欢这些产品的人，并通过这些人把产品介绍给更多的人。

网络营销公司做的正是这样的事情。它把利润的一部分直接返还给产品的网络营销员，而这些网络营销员又恰恰是这些产品最忠实的消费者。

罗伯特：我再冒昧地问一句，这种模式真的有用吗？我是说，依靠完全没有营销技巧的普通人，这种模式能有竞争力吗？能带来销售量吗？

约翰：这就是其魅力所在。现在不管是哪个销售专家、好莱坞制片人或公司巨头都会告诉你，世界上最有效的推广方式就是人们的口碑。这就是为什么公司会花几百万美元请演员在电视广告上以你的母亲、配偶、好朋友或小孩的口吻来说话。他们所做的正是模仿口碑效应。

但在网络营销领域，口口相传就不是模仿了，而是实实在在的行为。这种营销模式中最为关键的，起到杠杆作用的威力，就在于网络营销员得到的佣金不仅仅是他们直接推销产品所得到的佣金，还包括这些消费者继续推销给其他人的过程中他们所得到的佣金。通过直接和间接佣金的累加，他们得到的佣金可以变得非常多。

这种模式到底有没有可操作性？那我列举一下数据就可以了。今天，全球网络营销行业的年销售额已经超过1 100亿美元。这一经济规模可以和新西兰、巴基斯坦或菲律宾等国家的经济规模持平。

网络营销的销售量之所以不断上升，其中一个很重要的原因是它的确能给人们带来双赢。一方面，公司产品能达到惊人的市场占有率并得到消费者的认同，这是传统营销要通过大量投入才能得到的；另一方面，网络营销员能有机会获得丰厚的资金回报。

如何才能实现这种双赢？最关键的就是把握住口碑的力量，充分地利用人际关系网来构建一个能够代表公司产品或服务链条的网络。

罗伯特，你曾谈到过，B象限的企业一般至少会有500名员工。在网络营销领域，你根本不需要雇用员工，你只需要赞助个人，他们就是你的网络营销员。但它的逻辑和B象限企业是一样的，当你拥有300、400乃至500个网络营销员时，你就已经拥有一个具有一定规模的组织了。这个组织能为你带来丰厚的剩余收入。

其他人眼中的网络营销

正如约翰所说的,这的确是一种很有力量的模式。因为它运转得很好,而且并不是只有约翰和我这样认为,其他人也这样认为。

汤姆·彼得斯是一位富有传奇色彩的管理专家,著有经典畅销书《追求卓越》。他曾把网络营销形容为"自50年前出现宝洁公司和哈佛商学院提出现代营销学概念以来市场营销史上有过的最具革命性的转变"。

《福布斯》《财富》《新闻周刊》《时代》《美国新闻与世界报道》《今日美国》《纽约时报》《华尔街日报》等杂志都刊登过网络营销的成功。如果是15年以前,这些杂志是绝对不会提它的。而现在,让我们一起来看一看《财富》杂志是怎样报道网络营销的:

"投资者的梦想……商业世界最大的秘密……一个年增长速度稳定、资金流转率高、投资回报率高并且能长期带动全球经济发展的行业。"

沃伦·巴菲特和理查德·布兰森是两个风格迥异的人。巴菲特每天开着他的皮卡车在奥马哈生活,而布兰森则拥有自己的私人航班,生活在位于英属维尔京群岛的一个属于他的岛屿上。尽管如此,两人有三个共同点:首先,他们都是亿万富翁;其次,他们都非常务实;最后,他们都拥有网络营销公司。

这难道不能带给你什么启示吗？

你想想看，花旗集团、居可衣、欧莱雅、玛氏食品、雷明顿和联合利华这些公司的共同点是什么？没错，它们都涉足了网络营销行业，有的还和该行业关系密切。

今天，许多专家和成功的商人都认为网络营销是全世界发展速度最快的生意模式之一。

第 8 章

资产的重要性

许多人都没有认识到网络营销的价值,这不足为奇。因为许多这个行业内的人也没有完全理解他们手中这笔财富的价值。

当人们听关于网络营销的演讲时,他们最常问到的问题是:"如果我加入的话,我每个月能挣多少钱?"人们这样问其实并不奇怪,因为他们经常会在网络营销推广会上听推广人讲自己在这个行业每个月能挣多少钱。

其实人们之所以会这样问,是因为他们还在用 E 象限或 S 象限的思维方式思考问题。他们只是在试图寻找新的收入来源来补充或替代之前来自 E 象限或 S 象限的收入。

但网络营销的真正价值并非如此。

拿工资是一种极为线性的过程,有其局限性。你工作一个小时就可以拿一个小时的工资,工作两个小时就拿两个小时的工资,一切都由你的工作时间来决定。这意味着你一刻也不能停下来。正如我前面说到的,这就是一个陷阱。许多人凭着直觉发现了这个陷阱,但他们找到的摆脱这个陷阱的方法就是拿更多的工资,而这只能让他们在这个陷阱里陷得更深。

在 B 象限和 I 象限里,自己挣钱并不重要,重要的是让你所拥有的资产去为你挣钱。

房子的真相

许多被人们认为是资产的东西实际上并不是资产,而是负债。

决定一件东西是资产还是负债,就看它能不能给你切实带来资金收入,而不是看它具有的抽象价值。换句话说,资产就是能让钱跑进你口袋里的东西,而负债就是让你口袋里的钱往外跑的东西。一件东西要么帮你赚钱,要么就帮你花钱。如果这件东西不能帮你赚钱,那它多半就是负债。

多年来人们都把自己的房产当做自动取款机用。他们用房产作为抵押来贷款,从而偿还信用卡、度假、买多功能越野车或是做其他事情。也许你也这么做过。如果是这样,那你肯定是把自己的房产也看成了一项资产。但它本质上不过是一张有屋顶和车库的信用卡而已。

让我再为你解释一下什么是资产。

对于这个概念许多人都很迷惑,有的人甚至完全把它理解错了。他们在字典上查到的关于资产的解释是"具有一定价值的东西"。这样说倒也没错,但问题是"价值"是一个难以琢磨的词,我问你:"你房子的价值是多少?"

在你回答之前,让我把这个问题换一种形式提问:"你的房子每个月能为你带来多少收益?"

你的回答很可能是:"一分钱没有,我每个月在房屋的维修、护理方面还得投入不少钱呢!"

没错,因为你的房子并不是严格意义上的资产。它只是你的负债。

你也许会说:"慢着,我的房子可是值几十万美元的。"

真的吗?它什么时候才能给你带来几十万美元?从理论上说只有在未来某个时间点,也就是你卖掉它的时候,但卖了它你住哪儿啊?你会好不容易走完了卖房的程序再去买一套新的房子吗?如果不卖掉的话,房子的价值到底在哪里?所谓真正的价值,就是可以随时用来消费或投资的资产。不难发现,你的房子根本无法帮你做到这一点。所以它并不是资产,它只是个烧钱的玩意儿。

如何区分资产与负债

让我们忘记资产在字典上的定义,来考察一下资产在现实中到底是怎么一回事。可以这样说,资产就是可以为你工作的东西,有了它,你不用一辈子辛勤劳作下去。我的穷爸爸常常对我说"好好工作",而我的富爸爸常常对我说"建立资产"。

生活在 B 象限最大的优势就是当你创办自己的企业时,你同时也在建立属于自己的资产。

我创办的富爸爸公司在全世界都有办公室。不管我是在工作、睡觉还是打高尔夫球,资金都在不停地涌向我的账户,这就是"被动收入",或者叫做"剩余收入"。我不用为了一份工作而拼命,我只是拼命地建立自己的资产。因为我是按照富人的方式思考问题的,而不是按照雇员的思维方式。

创办企业就是建立资产的一种方法。当你建立自己的网络营销公司时,你不但能学到重要的生活技能,还能为自己建立真正的资产。通过一份工作,你得到的仅仅是工资;但通过网络营销公司,你不仅建立属于自己的资产,而且这个资产会自动为你带来收入。

我只把钱投资在能给我带来收益的东西上。如果这个东西能帮我赚钱,那它就是资产;否则,它就只是负债。我有两辆保时捷,他们都是我的负债。因为我要把它们打理得干干净净,但它们并没有帮我赚钱,它们在花我的钱——这一点很容易理解。

对于能够理解这一点的人来说,最好的资产就是企业,其次是房产。但即便是房产,你也要将现金流和资产增值区分开来。大多数人都将两者混为一谈。所以他们在投资的时候往往只追求资产增值,他们会说:"我的房产增值了。"这时他们所指的只是资产增值,他们并没有得到现金流。

拥有房产的最终目的是把它当做一项资产,而不是卖房赚差价。如果你买了一处价值10万美元的房产,然后以20万美元的价格卖掉,那么这处房产对你而言就不是资产。你只是获得了10万美元的资产增值而已,你只有失去了这项资产才能得到这笔钱。就像卖掉奶牛来换钱一样,我倒更喜欢留着这头奶牛靠卖牛奶来赚钱。

工作最大的问题就是:它不是资产。你既不能在eBay上卖掉自己的工作,也不能把自己的工作出租出去,你的工作也不能给你带来利息。既然如此,你为什么还要把自己大半辈子的生命投入到工作上?说得更准确些,你为什么要为他人的资产增值而卖命?

有一点我非常确定:当你工作时,你是在建立资产,只不过是建立别人的资产。

我们一直被灌输着这样一种理念:好工作是无价的。但其实它什么价值都没有,简直一文不值!而且同样可悲的是,你的工资越高,你的个人所得税税率也越高,要比其他形式的收入税率高很多。你已经中了别人的圈套。但许多人为了得到E象限所谓的"安全与保障"而情愿中招。

网络营销并不只是卖产品或赚钱

人们对网络营销最大的误解就是,它只是一个卖东西的行业。你卖多少产品就赚多少钱。按照这种逻辑，如果你没有卖出产品，你也就没有收入。

销售也是一种工作。如果你在百货商店里当销售员，你就属于E象限；如果你有自己的小公司，不管是卖保险、卖房产还是卖珠宝，你就属于S象限。不管怎样，你拥有的都是一份工作，你的工作就是销售产品或服务。

这样的工作是无法让你创造属于自己的财富并获得财务自由的。

你所需要的不是另一份工作，而是另一个地址，一个在B象限的地址。

约翰： 罗伯特，你说的没错，人们总以为要在这个行业内获得成功就是要卖很多产品。但网络营销的关键并不在于你可以推销出多少特定的产品或服务。因为不管你是多么善于销售（说实话，如果你和大多数人一样的话，你肯定也认为自己不善于做销售），你能赚到的钱都是非常有限的。毕竟一天只有24个小时，不是吗？

网络营销最重要的不是卖产品，而是建立网络。而这个网络是由同一种产品或服务的网络营销员组成的团队。

所以，网络营销的目的并不是让你或其他某个人卖多少产品，而是尽可能让更多的人成为这一产品或服务的忠实消费者，并通过他们把这一产品或服务推销给其他人，并让越来越多的人加入到这一行列中。

你为什么要建立这样一个团队？很简单，一旦你建立了这样一个团队，你就获得了可以带来收入的资产。这种收入就是被动收入。

在第13章中，我会邀请约翰进一步解释为什么网络营销不是简单的推销，或是成为一名销售员。我希望你能努力地去理解，因为这才是网络营销最关键的地方。大多数人都没能理解这一点。至于现在，我只需要你们知道：网络营销不是推销产品，而是建立资产。

其实通过网络营销能够同时建立起八种资产，在接下来的内容中我们将逐个分析这八种资产。

第9章

资产一：真实世界的生意教育

我可以坦白地告诉大家：我阅读速度很慢，我读的东西也不多。因为速度极慢，一本书我经常要看两三遍才能理解。我的写作水平也很差，我在高中时有两次作文都没及格。

你是不是感觉很有讽刺意味？一个念书时作文都不及格、直到现在都不擅长写作的差等生，怎么可能写出了7本《纽约时报》畅销书？

我的回答是：好成绩并不代表一切。

不要误会我，我并不是贬低教育。我很相信教育的力量，甚至坚信不疑，只是我所坚信的教育是真正能够让你在人生中成功的教育。

我推荐人们尝试网络营销的原因并不是那些你能够代理的高质量的产品，也不是你通过它能赚到的钱。

是，有的产品确实很不错。我也很重视该行业能给你带来的财富。但这些都不是网络营销能给你带来的最大的收获。我认为网络营销能给你带来的最大收获是真实世界的生意教育。

三种教育

如果你想获得经济上的成功,那么你需要三种类型的教育:学术教育、职业教育和财商教育。

学术教育教会你如何阅读、写作及做算术。这是非常重要的教育,特别是在当今这个时代。就我个人而言,在这一层面的教育上,我做得并不好。正如我所说的,我的求学生涯中,大多数时候我都只拿C。原因很简单,我对那些东西不感兴趣。

职业教育可以教会你"如何通过职业工作来养家糊口"。换句话说,这方面的教育是为你进入E象限和S象限作准备。在我年轻时,聪明的孩子都去当医生、律师和会计了;其他人则去职业学院,学习如何成为医疗助理员、水管工、建筑工、电工和汽车技师。

在这种教育上,我也不拔尖。由于我在学术教育上没有取得好成绩,没有人鼓励我成为医生、律师或会计。所以,我成为了一名高级船员,后来我又成为一名直升机飞行员。也就是说,在我23岁那年,我有两个职业,一个是高级船员,另一个是飞行员,但我并没有依靠这两个职业来赚钱。

财商教育则能教会你"如何利用金钱来赚钱",而不是让你为了钱拼命工作。也许你想在商学院获得这种教育,但一般来说这是不可能的。商学院做的事情就是把一群高智商的学生变成富人的经理人。换句话说,商学院只是把学生打造成E象限中比较高端的人才,但他们仍然生活在E象限。

我从越南战场回来后也考虑过回学校去攻读一个MBA学位,但我的富爸爸阻止了我。他说:"如果你在传统学校拿MBA学位,你就会被训练成为富人的员工;如果你自己想成为富人,你所需要的不是学术教育,而是真实世界的财商教育。"

重要技能

成为企业家创立一个B象限的企业,绝不是一件容易的事情。我甚至认为,这是一个人面对的最有挑战性的事情。之所以更多的人选择留在E象限或S象限,是因为这两个象限的挑战性更小,人们总是趋向于去做相对简单的事情。

如果你想在生意上获得成功,那么你需要学习一些在学校里可能学不到的能力。比如说,让自己变得有条理、为自己安排日程的能力。

这件事情听上去容易做起来难。刚刚进入网络营销领域的人,有时要受到一种文化冲击,因为他们以前已经习惯了做别人安排他们做的事情。也许在E象限,你工作非常努力,但是你在设定目标、制订行动计划、安排日程、管理时间及有秩序地执行生产活动方面十分缺乏经验。

你很难相信有多少人缺少这些基本的能力。不过这种现象并不难理解,毕竟在 E 象限和 S 象限你一般用不到这些技能。但如果你决定来到 B 象限,那你别无选择,因为这些技能就和如何平衡收支项目、写商业计划和阅读年度报表一样必不可少。

税收优惠

那些第一次接触到网络营销的人,往往对通过创业享受到的税收优惠感到惊讶不已。

大多数人都模模糊糊地知道,富人们在税收上比他们享有更优惠的政策。但由于他们一辈子都生活在 E 象限中,他们对于这些优惠政策内容及其运转方式并没有概念。所以,当发现第一天开业就可以享受税收优惠政策、把大笔的钱直接放入自己的口袋时,他们往往喜出望外。

随着近来税收政策的不断调整,许多针对小企业和个体经营的保险项目也应运而生。因此,你可以很容易地为自己打造一个比大企业享有的税收优惠还要好的一揽子福利计划。利用自己业余时间建立营销网络,同时保留自己的正式工作,就可以享受到富人们享有的税收优惠政策了。一个兼职创业的人比只干本职工作的员工享受更多的税收优惠政策。

家庭办公室　汽车、汽油、里程　家用电脑　网络、电信　旅行、食宿　个人用品

一旦你在家成立自己的网络营销公司，你就可以在以上这些项目上享受税收优惠政策，而且我只是列出来了一部分优惠而已。注意，上图只是为了举例，要想得到更多的税收优惠，建议咨询专业人士。

从上面的例子我们不难看出，你在汽车、汽油、饮食和娱乐等方面都可以享受税收优惠政策。当然，要想计算具体的税收情况，你需要向专业的注册会计师咨询。不过如果你真这样做的话，你会发现这个咨询服务也是可以减税的。换句话说，即便你向专业人士咨询如何少缴税的咨询费用，政府也会给你适当优惠。

我想让你知道的，不仅是从你第一天开业起就可以享受税收优惠政策这件事，我更想让你们知道的是，大多数人对B象限的生活一无所知。

大多数人之所以会对税收优惠政策感到吃惊，是因为B象限对他们来说就像迷失的亚特兰蒂斯大陆[①]一样。网络营销美妙的地方就在于它可以帮助你揭开这一迷失大陆的神秘面纱，并告诉你如何在这里生活。

[①] 柏拉图著作和希腊神话中出现的一个神秘地区，一个人类至今无法解答的谜。——编者注

欢迎你开始接受真实世界的生意教育。

生活技能

要想成功创业，光靠专业技能是不够的。你只有掌握了一定的生活技能，才可以在这个象限里游刃有余。要想在生活中获得长久的成功，你所需要的不只是教育、技能、生活经验，最重要的是你需要历练自己的人格。

就拿我自己来说，我就曾努力克服过自我怀疑、自卑和对被拒绝的恐惧。另一个我所学会的个人成长技能是"如何让自己在失败后重新站起来，继续前进"。这些都是在B象限里获得成功所必不可少的能力，不管你经营的是网络营销公司、连锁店还是创业公司。

如果你在学校、工作单位或家庭成长的过程中都没有学到这些技能，那你还能去哪里来学这些技能呢？世界上还有哪个行业愿意花时间为你提供教育、实现自我的成长的机会，同时还让你创业呢？

网络营销就是这样一个行业。

约翰：罗伯特，你总是把生意教育看成人们最宝贵的财富。这一点很有趣，而且很有道理。在网络营销公司里人们往往能学到许多技能，并让自己在许多方面得到提高。这在其他地方是很难实现的。

网络营销能教会人们如何克服恐惧，如何交流，如何读懂那些对自己说"不"的人的心理，以及如何在面对拒绝和其他来自真实世界挑战时保持不屈不挠的心态。

以下就是网络营销能教给你的来自真实世界的教育：
- 成功者的心态；
- 成功者的着装；
- 克服自我怀疑和自卑；
- 克服对被拒绝的恐惧；
- 交流能力；
- 读懂人心的能力；
- 时间管理能力；
- 问责能力；
- 实际目标设定；
- 理财能力；
- 投资能力。

一家好的网络营销公司能让你同时在这些方面都得到很大的提高，而且我认为，这种教育是无价的。

实际上，就算花钱你也很难找到一个能让自己得到如此大幅度提高的地方，况且网络营销公司还能让你赚钱。

行业内常把网络营销比做一种"一边赚钱一边学习"的生意模式。这个比喻很好，因为它点出了网络营销的关键：你是通过实践来学习的，而不是在教室里待上几年听别人跟你说网络营销是怎么一回事。

在网络营销行业里，培训并不仅是通过理论的讲授来实现的，亲身实践更为重要。不管你是不是处在某个项目的高层位置，也不管你是否收入很高，这个培训都会让你终身受益匪浅。许多人因为受益于网络营销的培训和实践经历，最终在别的行业取得了巨大的成功。

约翰的话道出了问题的关键，这也是为什么我在最近十年都一直推崇网络营销。当你有幸能加入到一家比较好的网络营销公司，你所得到的不仅是一条个人发展的康庄大道，而且它能够让你获得成功所需的技能和品质。

如果你想学到作为一名企业家在真实世界里所必须具备的技能，而不是当一名员工的技能，那网络营销就是一所属于你的"商学院"。

第10章

资产二：个人发展的捷径

我知道有人可能会说："清崎，你说话怎么变得文绉绉了？怎么'个人发展道路'这种感性的话都说出来了？我得挣钱养家，我要变得富有，我可没心情听《Kumbaya》[①]这类附庸风雅的歌曲。"

别急，我并没有掉书袋，我只是实事求是。变得富有并不是把一枚50分的硬币投入到一台老虎机的投币槽里，也不是找一条赚外快的新路子。为了变得富有，你需要切实改变自己的核心价值观。也就是说你改变自己所做的事情并不重要，重要的是改变你自己。

我的好朋友唐纳德·特朗普现在身家几十亿美元，但他曾在一次房地产危机中亏得身无分文。他还跟我分享过自己负债92亿美元时的感受："我走在街上路过一个乞丐身边

[①] 译为《空巴亚》，美国著名民谣，儿童夏令营合唱曲目。——编者注

时，我突然意识到他至少比我富有92亿美元。"但不久之后唐纳德·特朗普东山再起，为什么会这样？因为他是唐纳德·特朗普，这个人并没有变，说得更准确些，经过这次挫折，他变得更强大了。

我自己也有过类似的经历。30岁那年我的资产已经过百万，但仅仅两年后我的企业就倒闭了。这可不是什么美好的经历，但却是绝佳的学习机会。在那几年我学到了很多东西，这其中有很多是关于创办企业的，但更多是关于自我提升方面的。

在那次失败后，我的富爸爸告诉我："金钱和成功会让你变得傲慢和愚蠢，而你现在的贫困和耻辱能让你重新成为一名学生。"他说的没错，后来的事实一次又一次地证明了我从中所学到的东西对我来说是无价的。在成功地建立起一家公司后又失去它，这让我得到了真实世界的教育，这种教育最终又让我变得富有起来。更重要的是这种教育让我获得了自由，在整个过程中我学到最多的并不是关于创业或创造财富，而是关于自我提升。

我们不妨问一问约翰，如果他的回答跟我预期的一样，那你们可能会更理解我所说的话。

罗伯特：约翰，显然，不是每个从事网络营销的人都能获得同样大的成功。根据你的经验，你认为导致那些梦想者同他们的梦想失之交臂的最主要原因是什么？

约翰： 每个人对成功的定义不同。一个人所看重的东西在另一个人那儿也许什么都不是。有的人觉得如果能对目前的收入有所补充就已经很满足了，而有的人则是在很努力地追求能够从根本上改变他们收入前景和生活方式的商业机会。同样，我们也不能狭隘地看待失败。对于那些想创办大企业的人来说，每个月只赚1 000美元就算是失败；但对于一位想增加家庭收入的母亲来说，这已经是很大的成功。

不管人们的目的是什么，有一点我们可以确定：所有在网络营销行业里坚持下来的人都过得越来越好。其实我认为唯一可以让人们失败的，就是他们自己选择放弃。

这一点可能需要补充一下才更准确。我所说的放弃并不仅仅简单指人们离开网络营销公司，比如那些失去了敬业心、正式宣布"我退出"的人。我想说的不是他们放弃这个行业，而是他们放弃自己。

你们可以看到，约翰和我的观点如出一辙。所以这又呼应了我在本书一开始说过的话："这本书的宗旨不仅是让你改变目前的生意模式，更是让你实现自我的转变。"我可以告诉你一个完美的生意模式，但如果你想把生意做大的话，你自己也得和它一起成长。

你内心的胜利者和失败者

在我们每个人心中都同时存在着一个胜利者和一个失败者。我也不例外,我心中也有一个胜利者和一个失败者。他们无时无刻不在互相抢机会、出风头。许多人之所以过得马马虎虎、无法获得真正的成功,就是因为他们心中的失败者占了上风。我就不是这样,我坚定地支持自己内心的胜利者。

如果你听到"噢,我支付不起""天啊,那风险太大了"或"如果我失败了怎么办"之类的话,你就听到了失败者的声音。我们心中的胜利者从来都是勇于接受挑战的,而失败者只看重安全和保障。

但具有讽刺意味的是,那些每天把安全和保障挂在嘴边的失败者到头来往往在事业上毫无建树,生活也过得没有任何稳定感可言。你想啊,你在一家公司每周工作40个小时,几年后公司很可能把你裁掉,你把自己那点少得可怜的工资存入401(k)计划,很可能因为共同基金的亏损而输得倾家荡产。你把自己买的基金交给理财顾问来管理,而这个人很可能是一个同伯纳德·麦道夫[①]一样的诈骗犯,哪有安全可言?

[①] 前纳斯达克主席,美国历史上最大的诈骗案制造者。其操作的"庞氏骗局"诈骗金额超过600亿美元。——编者注

在我们每个人心中都有一个胜利者和一个失败者，一个富人和一个穷人，一个勇于担当的人和一个好吃懒做的人。他们之间在进行着一场旷日持久的战争。你加入网络营销就是为了自己心中的那个富人，让他勇敢地站起来，委以重任。你心中那位失败者会建议你坐在沙发上休息，他希望你做任何事都力求稳妥，每周老老实实地工作40个小时，为什么会这样呢？因为如果你按照他所建议的做了，他就不需要作出任何改变。但你所在的网络营销公司的团队负责人就不是这样想的，他希望你能追求卓越，从自己熟悉的区域中走出来，去超越自己，成为一个更加优秀、与众不同的人，而不是一如既往地平凡下去。

说"我买不起""这东西太贵了"或"我希望福利好，我不希望有太大的工作压力和风险"其实是一件很容易的事，这是失败者的语气。

但是你别难过，我们每个人内心都有一个失败者，我也一样。有时我内心的失败者还会占上风，有时占上风的状态还会持续一小会儿。我每天早上起来都要作一个决定：起床后我是支持心中的富人还是支持心中的穷人？我是站在胜利者一边还是站在失败者一边？这是一场旷日持久的较量。

其实不只是胜利者和失败者，我们每个人心中都有多重人格，我们有可能成为里面的任何一种。就我自己而言，我希望能成为一个婚姻幸福、崇尚自由并能为这个世界作一点贡献的人。

每当我们被恐惧、自我怀疑与自卑控制的时候，失败者就站了出来，主导一切。如果你敢于把自己的观点说出来和大家分享，能够通过摆出自己的理由来说服别人，你就学会了如何战胜内心的失败者，让心中的胜利者站出来。记住，学会像胜利者那样说话，就是在支持自己心中的胜利者。

坚持不懈，忍受挫折与失望的挑战，永不忘记自己前进的方向——大多数人都做不到这些。之所以做不到，是因为他们根本就没有接受过这样的训练。但是这种能力极其重要，这是 B 象限里人们的制胜法宝，是企业家们的思维方式，也是你在创办自己的网络营销公司过程中能够学到的最重要的一课。

当我进入施乐公司后，我花了整整两年时间才学会如何让自己心中的胜利者站出来，从而发挥自己的作用。我差一点就被炒鱿鱼了，但幸运的是，我终于找到了自信，销售业绩一路飙升。又过了两年，我已经成为办公室里数一数二的人物了。

在我看来，增强自信心远比增加收入来得重要，重塑自己的自信和自尊的价值是无法计算的。也正是在这强大的自信与自尊的帮助下，我赚到了更多的钱。所以，我一直非常感谢施乐公司及其员工，正是他们教会了我如何战胜心中的自卑、自我怀疑和恐惧。今天我之所以向人们强烈推荐网络营销，也是因为它能够像施乐公司那样帮助你重塑自己的信心。

网络营销能给你带来面对恐惧、应付恐惧和战胜恐惧的机会，能够让你内心的胜利者站出来。

但你千万别以为加入网络营销行业，就意味着你已经永远告别了心中的失败者。事实并非如此，你需要许多年的历练才可以得到真正的自由。我指的是在我们这个国家的自由。你只有获得财务自由，才能获得真正的自由。而获得财务自由是需要时间的。

我出生在一个贫困的家庭。在我的创业过程中也有几次赔得血本无归。所以，我很明白那种失去所有东西时的感受。在最困难的时候，人们尤其容易屈服于自己内心的失败者。有时候你会觉得自己承受了太大的压力，有时候你的朋友会对你说"我早就跟你说过了"，你的家人会在你耳边悄悄地说"你是不是应该考虑放弃网络营销，把精力投入自己的本职工作"。

我敢保证，你会经历许多类似的情景。你很难不让内心的失败者站出来主导局面。但遇到这种情况时，你千万要挺住！坚持就是胜利！

飞行学校

每条毛毛虫在变成美丽的蝴蝶之前都会作茧。飞行学校就是我人生的茧。进入飞行学校的时候，我只是一名稚嫩的大学毕业生；而从飞行学校毕业时，我已经是一名作好上越南战场准备的飞行员了。

如果我去的是一所民用飞行学校，我会怀疑自己能不能作好上战场的准备，即便我是一名飞行员。但是，作为一名军用飞行员，我们要学的东西和民用飞行员有很大的区别，这种区别不但体现在技术上，还体现在训练强度上，何况我们当时还知道培训结束后就要上战场。

我在佛罗里达飞行学校接受了将近两年的基础科目训练。获得飞行员资格后，我又来到加州彭德尔顿训练营进行高级飞行训练，训练强度比之前大幅增强。在彭德尔顿训练营，我们学习的已不仅仅是开飞机了。

在飞行学校的训练结束后，我们就成为了飞行员。但在上战场之前我们还有一年的准备时间。在这一年里我们进行了大量的飞行训练，而且常常是在极度考验我们的心理素质、情绪控制力、体力和毅力的恶劣条件下的训练。

在彭德尔顿训练营训练了大概八个月后，我发生了转变。我清晰地记得：在一次飞行训练时，我突然发现自己已经作好准备上战场了。在那之前，我的情感、身体和思想都在训练上，但总感觉还是缺点什么，人们称这种状态为"机械飞行"。但在那次训练任务中，我在精神上发生了彻底的改变。由于那次训练强度特别大、危险性特别高，我所有的怀疑和恐惧突然之间都烟消云散了，一股强大的精神力量从心中涌现出来，开飞机成了我生命中的一部分。当我在飞机驾驶舱时，我的内心变得格外平静，我感觉自己和飞机融为了一体，也作好了上越南战场的准备。

我并不是感觉不到恐惧。就像之前一样，我还是害怕自己会牺牲或残废(后者在我看来更恐怖)。但同以前不同的是,我已经作好了准备,我对自己的信心超过了对战争的恐惧。

我转变成一个商人和投资者的过程和我转变为一名能够上战场的战士的过程非常相似。经历了两次大的失败之后,我才真正认识到什么是人们常说的企业家精神。正是这种精神让我生活在现金流象限中的 B 象限和 I 象限之中,而不是安逸地生活在 E 象限和 S 象限。

仔细算起来,我前后一共花了 15 年的时间才培养了充分的自信来生活在 B 象限中。其实你不用花这么长的时间,也不用经历我那么多的失败,你马上就可以在属于你的"飞行学校"得到这种能够改变你人生的教育,这所学校就是"网络营销"。

生意技能改变了我的生活

我已经和你们分享了我所接受过的军事训练,以及我是如何作好准备上越南战场的。现在我想和你们讲另一个关于我人生的故事。这个故事中没有战场上的硝烟,只有爱情中的浪漫。

如果我没有经历过在生意技能上的高强度训练,我真不知道我能不能有幸娶到我梦中的女孩。但事实上我做到了。

当我第一次遇到金,我就认为她是我生命中最美丽的女孩。我被她的美丽所吸引,但我根本没有勇气走上去和她说话。后来，我在商场上所接受的训练让我战胜了对失败和拒绝的恐惧。这些训练可真值得，让我在爱情上得到了巨大的回报。因为它让我勇敢地走到她面前和她打招呼。换作几年前，我肯定只敢在角落里偷偷地看她。

听到我对她说"你好"时，金转过身来，露出了她那迷人的微笑。那个笑容彻底把我征服，我无可救药地爱上了她。她就是我的梦中女孩。但当我向她发出约会邀请的时候，她的回答是"No"。

在这种情况下，以前的罗伯特·清崎一定就灰溜溜地走了。这就是他的命运吧！多年的生意技能训练让我内心变得非常强大，我鼓起勇气又向她发出了邀请，她的回答仍然是"No"。我的自尊受到了严重的摧残。作为一个男人，这是一种莫大的伤害。但即便如此，我还是又来到她面前，虽然得到的回答还是"No"。

这一拉锯战持续了六个月之久。她每次给我的答复都是"No"。我的心都碎了，受伤的我常常躲在角落里舔自己的伤口。如果我没有学会如何克服自我怀疑的话，我是无法坚持六个月向她发出邀请。但我做到了，直到她给出了肯定的回答。从那以后我们就幸福地生活在一起了。

我之所以跟大家说这些，并不是因为我追求金的过程有多么温情和感人，而是因为它能说明一个重要的问题：这些生意教育并不只是关乎你的企业和财富，而是关乎你的人生。你怎样赚钱和发展事业，你就怎样赢得尊严和塑造人生。

第11章

资产三：一群和你有着共同梦想和价值观的朋友

也许这听上去有点让人难以接受：如果你想在生命中创立另一番经济景象的话，也许交一些新朋友比得到一份新的工作更重要。为什么呢？因为那些每天和你混在一起的老朋友们都很爱你，但其实他们在限制你的发展，虽然他们并不是故意这样做的。

你也许听说过这么一种说法：你的收入基本上等于你最亲密的五个朋友收入的平均值。你肯定还听过这句俗语：物以类聚，人以群分。富人、中产阶级和穷人之间也遵守这几条规律。也就是说，富人往往和富人建立人际关系网，穷人往往和穷人建立人际关系网，中产阶级则和中产阶级交往。

我的富爸爸常常对我说："如果你想变得富有，你需要和富人或能帮助你变得富有的人建立关系。"

许多人一辈子都在和阻碍他们变得富有的人在一起，但在网络营销行业，你每天都和能让你变得富有的人在一起。

你不妨这样问自己："每天和我待在一起的这些人是在引导我变得富有,还是更想让我成为一个拼命干活的人?"

我在15岁的时候就希望自己成为一个财务自由的人,而要实现这一点的方法之一就是学会如何与能够帮助我获得财务自由的人建立关系。出于这一目的,我当时就决定只和那些想让我成为富人的人交朋友,而不是那些希望我成为一个为富人出卖劳动力的雇员的人。

这可以说是我人生的分水岭。因为对于一个15岁的孩子来说,这并不是一个简单的决定。这直接关系到我从那以后和哪些人交往、听哪些人的教导。如果你想建立自己的企业的话,你必须想清楚以下两点:自己应当和哪些人在一起,哪些人可以成为你的老师。

对我来说离开施乐公司最难受的是离开公司里的那些朋友。我大多数的朋友和家人都属于E象限的人。他们和我拥有不同的价值观,他们看重安全感和稳定的工资收入,而我看重的是自由和经济独立性。这一差别让我作决定的时候特别痛苦,但如果我想成长的话,我必须作出这样的决定。

如果你加入网络营销行业的话也会有类似的经历。你也许会碰到一些朋友或家人,他们不理解你为什么要做网络营销,甚至会积极地干涉你;有的朋友甚至会说你脑子有毛病,说你犯了一个巨大的错误;你可能还会因此失去一些朋友。我是犹豫再三才写下这些话的,因为这听上去有些残酷,但现实不就是这样吗?

我要提醒你的是，这一切并不是网络营销惹的祸，而是因为你在经历一个根本性的转变。从 E 象限和 S 象限迈向 B 象限，这可不是换个工作那么简单的事，这更像是移民到另一个国家生活、改变你的宗教信仰或变换自己所在的政党。

英国诗人约翰·多恩曾写道："没有谁是一座孤岛，在大海里独踞；每个人都像一块小小的泥土，连接成整个陆地。"他是在 1623 年写下这段话的。但在今天这样一个相互依存度极高的时代里，这句话比当年更正确了。你孤身一人是无法变得富有的，那些每天和你打发时间、聊天、工作和玩耍的人们能够直接决定你的成败。

约翰： 这一点在生活中普遍成立，但在网络营销上体现得特别明显。因为当你建立自己的网络营销公司后，你其实就是在你身边建立一个全新而且庞大的朋友圈。这些朋友在学习接受与你一样的价值观和真实世界的生意技能。

这也是网络营销的一个巨大的优势：你身边没有争夺下一个升职机会的竞争者。在这里，你身边到处是为了你的成功而努力的人。因为你的成功能够带来他们的成功，在这种环境下你们很容易成为好朋友。

实际上，根据美国网络营销协会的统计：在那些加入网络营销公司并在这个行业内坚持的人当中，大多数人更看重的是他们所从属的社会关系网，而不是看重他们所挣的钱。

这一点约翰说得非常到位：网络营销不但能为你提供良好的生意教育，还能给你带来一群新朋友。这些朋友同你朝着同一个方向前进，和你拥有着同样的价值观。

在我看来，约翰所说的这种友谊和商业培训的价值一样，都是无法估量的。

今天，我在每个象限都有朋友，但我最核心的朋友是那些我真正愿意和他们一起共度时光、对我非常重要的朋友，他们都是属于B象限和I象限的人。

那我曾经在施乐公司交的朋友呢？他们仍然是我的朋友，永远都是。因为在我人生转型的艰难过程中，是他们陪伴着我走过来的。但我不得不说，我必须继续走下去。如果现在B象限也在呼唤你继续走下去，那么也许你应该加入网络营销公司去结交新的朋友了。

第 12 章

资产四：网络的力量

当我在 1990 年仔细研究网络营销这种生意模式的时候，最吸引我的是"网络"这个词，因为我记得我的富爸爸很重视这个词。

托马斯·爱迪生是我的富爸爸崇拜的英雄之一。今天人们往往只认为爱迪生是电灯泡的发明者，其实这并不准确。爱迪生并没有发明电灯泡，他只是电灯泡的改进者。当然更重要的是，他想到了如何将电灯泡这一发明转变为一个赚钱的行业。

在他辍学以后（他的老师认为他没有读书的天赋），爱迪生开始沿着铁路线卖糖果和杂志。后来，他开始卖自己印刷的报纸。不到一年的时间他就已经雇用了一群小孩为他卖糖果和报纸。他从一名雇员转变为一位企业主。

但年轻的爱迪生很快就厌倦了卖报纸的生活。他学会了莫尔斯码，成为一名报务员，而且很快成为了当地最优秀的报务员。也正是在这份工作中，他发现了让自己成为百万富翁的秘密。因为在当报务员时，他发现了让电报这一发明变得如此成功的原因：电报成功的背后站着的是电线、电线杆、技术人员和中继站，这些要素综合在一起所体现的正是网络的力量。

虽然爱迪生是通过改进灯丝让电灯泡走进了千家万户而闻名于世，但最能体现他才华的其实是他所建立的公司。正是这家公司所建立的电网系统让电灯泡成为社会生活不可或缺的一部分，这家由爱迪生成立并让他成为千万富翁的公司就是通用电气公司。

让爱迪生在商业领域大获全胜的并不是电灯泡本身，而是为电灯泡提供电力的电线和中继站系统。这个系统其实就是一个网络系统。

我的富爸爸告诉我："这个世界上最富有的人都是建立网络的人，而其他普通人则是找工作的人。"

从航运巨头、铁路大亨到山姆·沃尔顿、比尔·盖茨、杰夫·贝佐斯，这些掌握着这个世界财富的人都是那些懂得如何构建网络的人。山姆·沃尔顿并不为人们生产商品，但他建立了一个名叫"沃尔玛"的商品销售网络；比尔·盖茨并不生产电脑，但他为这些电脑运行提供操作系统；杰夫·贝佐斯并不出版书，但他通过在互联网上创办亚马逊公司而实现了对图书的发行和销售。

由此可见：产品本身并没有多少力量，有力量的是网络。如果你想变得富有，最佳途径就是建立一个强大、可靠并能不断壮大的网络。

当然，我们大多数人永远都无法成为托马斯·爱迪生、山姆·沃尔顿或比尔·盖茨。虽然每一代都会涌现出一些像他们一样富有创造力的先行者，他们通过自己的努力，白手起家，创立价值几十亿美元的网络体系。但对于大多数人来说，这是一个难以企及的高度。

这就是网络营销的优势所在：因为网络营销行业内的公司能给成千上万你我这样的凡人提供建立自己网络的机会。这样一来，你就不用一辈子为别人所建立的网络工作了。

梅特卡夫定律

3Com 公司和以太网的创始人罗伯特·梅特卡夫提出了一个计算网络价值的定律：$V=N^2$。也就是说，网络的经济价值相当于网络中用户数的平方。

说得更简单些，梅特卡夫定律就是说随着用户的增加，网络的价值会呈几何级数增长。

试想一下电话网络，如果整个网络中只有一台电话，这台电话无法带来任何效益。（如果你拥有这台电话，你又能打给谁呢？）而当你增加一台电话时，根据梅特卡夫定律这个电话网络的价值就成了用户总数的平方，也就是从 0 变成了

4；如果再加入一台电话，经济价值就变成了9。随着用户的增加，其经济效益不是呈线性增长，而是呈指数增长。

商业世界的网络

传统的工业时代下生意模式的运转很像一个帝国，不管它发展到多大都存在一个强大的"中央政府"来维持其高度集中的形象。

在20世纪50年代出现了一种新的生意模式，这种模式不是通过一个单独的权力中心来控制所有的部分，而是使用了网络的模式。这一理念颠覆了之前的观点，所以当时受到许多人的质疑与批判。美国国会内居然有11票要求取缔这一生意模式。但这种生意模式还是奇迹般地存活下来，今天它占美国零售业销售总量的3%。同时，它在全球其他地方也得到迅猛的发展，其中比较著名的品牌有哈德瓦公司、赛百味及众所周知的麦当劳。

这一革命性的生意模式就是连锁经营模式。

连锁经营是一个网络系统，在这个系统中同时存在着许多经营者。他们不仅拥有同样的经营计划，而且还都拥有着相同的理念。

但连锁经营还只是网络化在商业世界的一个过渡形式，下一步它将走向何方呢？我让约翰来跟你们说。

约翰： 罗伯特说的没错，这不只是换了一种佣金支付方法，也不只是将营销任务转移到其他方。这是一种全新的看待商业的眼光。它反映的是信息时代的思维方式，而不是以大规模广告营销为特点的工业时代逻辑。

在连锁经营出现以后，新的分销网络模式在20世纪60年代崭露头角，在七八十年代已初具规模。不同于连锁经营的是，这一模式把独立销售权直接赋予了个人，从某种程度上说你可以称之为"个人连锁加盟"。

同原始的连锁经营模式一样，这种新的生意模式一开始也受到了诸多批评。但尽管如此，它不但存活了下来，还实现了蓬勃发展。

罗伯特： 顺便说一句，在连锁经营模式中，你只能成为一个连锁店的经营者。你是整个网络的一部分，但你不拥有网络本身，你只能管自己的这一家店。而与此不同，作为一位网络营销员，你……

约翰： 作为一位网络营销员，你不仅是网络的一部分，你还拥有自己的网络。而且正如罗伯特所说的，这一点能起到巨大的财务杠杆作用。

也就是说，作为一位网络营销员，你自己就可以使用梅特卡夫定律。

如何使用这一定律呢？就像拥有世界上唯一一台电话一样，加入一家网络营销公司是不够的。要想得到梅特卡夫定律的力量，你需要让别人以合作者的身份加入你的网络。当你的网络中有两个合作者，网络的经济效益就从0变成4；如果你的网络中有3个合作者，网络的经济效益就从4变成9；而如果你的这两个合作者各自又发展了两个合作者时，整个网络的经济效益就会飞速飙升。你的工作量只是线性增加，但是你得到的经济效益却是几何式增长（如下图所示）。

简单地说，梅特卡夫定律是指网络就像一个杠杆，能极大地节省你的时间和精力。

发现杠杆定理的古希腊工程师阿基米德曾宣称："给我一个支点，我可以撬动地球。"为了证明杠杆无限的力量，他设计了一套精密的由绳索和滑轮组成的系统，将其与希腊战舰相连。一切准备就绪后，所有人都拭目以待。阿基米德用尽全身力量移动木梁，紧接着奇迹发生了：整个战舰都被拖到了水中。

这就是网络的力量。

通过绳索，阿基米德完成了这一本来需要几千个舵手才能完成的壮举，是什么让这些绳索具有如此魔力？没错，是网络。

谣言也是因为网络的力量而四处传播。一传十，十传百，没多久，全村的人就都知道了。除了谣言，时尚也是这样流行起来的。这就是网络营销的核心：通过人际关系网络来让自己事半功倍，充分发挥梅特卡夫定律的力量。

网络营销已经是当今世界上发展最迅速的生意模式之一，但大多数人却看不到这一点。为什么？因为人们的眼光往往倾向于落在家庭护理或健康产品、电信、理财和法律方面的服务等具体的东西上。但他们没有意识到这些具体的东西并不是生意的本质，真正的生意并不是产品，而是这些产品所处的网络。也就是说，生意的本质不是爱迪生的电灯泡，而是他的电网系统。

人们之所以意识不到网络营销的价值，是因为网络营销是虚拟的、看不见摸不着的，而非触手可及的物质，你用眼睛是看不到它的。这是真正属于信息时代的模式，你只睁开眼睛是没有用的，你需要打开自己的心才能看到它。这个商机可没有金色的拱门来迎接你，也没有漂亮美人鱼来召唤你。所以，虽然网络营销已经在全球迅速发展起来，但大多数人还是对它视而不见。

像通用汽车、通用电气之类的企业都属于工业时代的企业，麦当劳、赛百味、UPS快递、哈德瓦公司等都属于从工业时代向信息时代过渡的企业。而网络营销则是信息时代的生意模式，因为它关心的不再是原材料、厂房和员工，而是纯粹的信息。

你可能会认为一名网络营销员就是展示和推销产品。但其实不是，他们的工作是传递信息、讲故事和建网络。

第 13 章

资产五：可复制、升级的生意模式

关于网络营销还有重要的一点会让你感到意外：这个行业并不是属于那些销售天才的。我曾在前面承诺过要约翰来阐述这一点，现在就让我们一起洗耳恭听吧！

罗伯特：约翰，你是不是认为在网络营销做得最成功的不一定是那些具有销售天赋的人？

约翰：对，我不但同意这一点，而且我认为那些有销售天赋的人反而不能在这个领域获得成功。他们进入这个行业首先要做的，其实就是忘掉他们以前所知道的一切。

我见过的那些最成功的网络营销员都是教练、大妈、牧师或老师一类的人。他们都善于讲故事，乐于帮助他人。网络营销需要你去分享信息和个人故事，而不是强买强卖。你必须关心你邀请进入该行业的人，为他们的成功而努力。

这是件好事，因为平均每二十个人中才会有一个具有销售天赋的人。

做好销售最重要的是你能做什么，而做好网络营销最重要的是你能让别人模仿你什么。

罗伯特：有时当我说这个行业不是推销商品时，许多人都表示怀疑，仿佛在说："是，但你这不是有点咬文嚼字吗？销售和分享信息只是表达方式不同而已嘛！"

约翰：不，这不是玩文字游戏，你也没有咬文嚼字。推销和网络营销最大的区别在于是否具有可复制性。

我会这样跟别人说："如果你是一个顶级销售员，那么你只适合做销售；如果你做网络营销的话，你很可能会做砸。为什么会这样呢？因为虽然你可以推销出很多东西，但并不是每个人都可以做到这一点，他们无法模仿你的行为。也就是说你所做的事情不具有可复制性，这样你的网络就无法壮大，它很可能会夭折。"

罗伯特：因为网络已经被你扼杀在襁褓中。

约翰：对。这样的事情我见好几次了。我经常看到一些才华横溢、创造力过人的年轻人进入网络营销行业后碰壁。因为他们认为仅仅通过过人的天赋和出众的技能就可以获得成功，但其实在这个行业里你能做什么并不重要，重要的是不但你能做而且还可以让别人跟着你做。

我还见过许多犯类似错误的公司。这些公司过于强调个人的销售能力，而忽视了让员工学会怎样让别人来模仿自己。让别人模仿自己才是关键，而不是成为顶级销售员。如果一家网络营销公司意识不到这一点,它就消弱了其事业发展的原动力——那些不断让身边的人模仿自己的人们。

罗伯特: 这很有意思,因为刚才你说有的人试图发挥自己的聪明才智,你知道那说明什么吗？那说明他们使用的是 S 象限的人的思维方式。如果你生活在 S 象限,那么你当然应该尽可能地成为一个优秀、有创造力的人；但在 B 象限,这样做很可能会让你失败。

亨利·福特创造了一个庞大的工业帝国,让整个世界都发生了改变。但他并不是通过建立一个能培养工人超强能力的生意模式来实现这一成就的。

其实他可以雇用一些技术过硬的手工业者来手工制造汽车的,那一定会是非常漂亮的汽车,也许他可以卖出好几百辆。但亨利·福特并没有选择这样做。与此相反,他设计了流水线模式,让每一个普通人都可以上手工作,从而实现汽车的大批量生产。

福特的想法体现的就是典型的 B 象限的思维方式。

约翰: 我的说法跟你不一样,但是我们的意思是完全一致的。如果一个人想在网络营销领域获得成功的话,他就必须用这样的方式来思考问题。

回到我们之前的话题,网络营销最大的力量不在于你能做什么,而在于你让别人模仿什么。也就是说,你必须建立一个每个人都可以轻易复制的生意模式,为什么呢？因为你的目的就是要别人模仿你,这才能给你带来成功。

至于如何让别人模仿你，我们之后会继续讨论。这里我想跟你们聊一个术语——规模效应。

获得无限规模的信息化工具

约翰说可复制性是网络营销的秘密所在，其实另一种说法是，这种生意模式具有规模效应。一个具有规模效应的经济体就是指它能够以无限的规模运行。

这是能否成为一个成功企业家的关键。这个世界上有许多希望成为企业家的人。他们若想把生意做得很好，有一个前提，他们的企业必须控制在一定规模以内，这样他们才能亲自掌控企业运作的每一个环节。很少有人能设计出一种不需要自己直接参与就能够不断扩大和被复制的小型生意模式。

这就是雷·克罗克将麦当劳做得如此成功的秘密。他没有试图去寻找一支由才华横溢的餐厅老板组成的团队来经营他的连锁店，而是把所有的心思花在了餐厅运作模式的设计上。

这正是聪明的网络营销公司会做的事情。与其去招聘最优秀的演讲者、主持人和销售员，不如把产品的展示任务交给信息化工具来完成。当然，正如约翰所说的，这不可能在一夜之间完成。

约翰：在网络营销早期发展阶段，从业者们面临着一个非常棘手的问题，那就是虽然每个人都能学会作产品演讲，但不是每个人的演讲都可以达到很好的效果。也就是说，虽然在理论上每个人都可以在商界取得成功，但事实却并非如此。

早期的商界确实对人们的演讲技巧有很高的要求。可以说，学做生意很大程度上就是学习如何作好演讲。但就像不是每个人都可以成为优秀的销售员一样，不是每个人都可以作出专业的演讲，这一点极大地制约了人们生意技能的发展。

罗伯特：这就是为什么会有演讲工具的出现。

约翰：就是这个道理。几年前人们试图通过产品宣传册和销售簿来代替演讲，这两样东西也确实帮了大忙。这样一来，虽然不是每个人都可以成为演讲高手，但依靠产品宣传册和产品目录，他们还是可以很有前途的。但宣传册和产品目录毕竟还是没有真人演讲那样有感染力，难以引起消费者的兴趣。

但在过去的几十年里，演讲利用的工具发生了巨大的变化。信息技术的迅猛发展似乎又让人们站在了同一条起跑线上，CD、DVD和网络媒体等信息化工具已经可以成功地重现现场演讲的动态效果。

你把这本书命名为《富爸爸21世纪的生意》，我觉得很有意思。没错，虽然网络营销已经出现了几十年了，但最近几年它才真正发挥出其潜力。之所以如此，原因很多，我们刚才所说的信息技术的发展也是原因之一。

今天，如果你创办自己的网络营销公司，你不需要成为一个熟练的演讲者。成为一个演讲者很可能还会影响你事业的发展，因为这是一个非常专业的技能，别人很难进行模仿。

无需把自己训练成一位专业的演讲者，你只需要利用好公司提供给你的信息化工具来帮你作演讲就行了。

此外，这些信息化工具都很廉价，一方面是因为其廉价符合公司的利益，另一方面也和技术的发展有关。

价格低、质量好的CD、DVD及网络上的音频、视频等演讲资料让网络营销民主化，并拥有了规模效应。这种生意模式也成长为一种成千上万人都能加入其中并能实现自我完善的途径。

你知道这意味着什么吗？这意味着当你建立网络营销公司时，你在建立一笔具有潜在规模效应的资产。简而言之，你想让它有多大，它就可以有多大。

在我们讨论下一个问题之前，请让我再斗胆向约翰提一个问题。

罗伯特：约翰，当人们听到"被模仿"这一点时，我经常听到一些怀疑者问道："如果你不需要成为一名顶级网络营销员，而且你也不需要成为一名优秀的演讲者，那你还需要做什么？公司还需要你干什么？"

约翰：公司需要你的网络啊。这就是为什么这种生意模式被称为"网络营销"，这也是为什么公司需要你、还付钱给你。

作为一名网络营销员,你的工作就是与人沟通,请他们来体验这些让你爱不释手的产品,让他们来了解你所掌握的信息,并和他们保持联系。然后,一旦他们决定加入这一行业后,你就要用自己的激情和经历去感染他们,帮助他们学习你已学会的东西。在这个过程中,你就要用到我们刚才提到过的信息化工具。这可以省掉你很多时间,你也不用亲自来承担这些培训任务。

你的工作就是和别人建立关系,与他们交谈,探索各种各样的可能性,去了解别人,让他们懂得这个行业到底是怎么(过程如下图所示)回事。

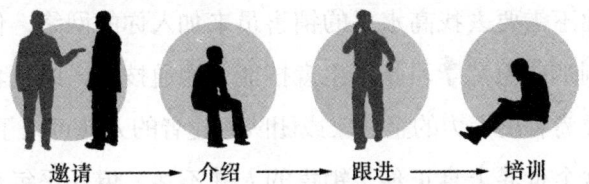

邀请 ——→ 介绍 ——→ 跟进 ——→ 培训

在这个过程中的某些环节上,工具会比你做得更好,比如说演讲,在一定程度上培训也是如此;但有一些环节是只有你能做的,那就是"与人的交往"。

一言以蔽之:在网络营销中,你不是信息而是传递信息的使者。

需要整天抱着一大堆产品样品、把自己的客厅当零售店用,或者需要把各种产品的特性和价格都记在脑子里的时代已经一去不复返。我们已经来到 21 世纪。在今天的网络营销业务中,这些工作都可以通过工具来实现。你要做的只剩下和人沟通、邀请他们加入。

顺便说一句,这并不意味着你不需要技能。你需要培养我们在第一种资产中提到的技能,即拥有自信的能力、承受被拒绝的能力、交流沟通的能力、讲故事的能力、关心他人的能力和指导他人的能力。

但这些能力是每个人都可以有的。如果你组织过足球队、家庭教师协会、象棋协会,参与过政治运动或教堂委员会、少年棒球联合会,或组建过自己的乐队,那你就已经知道如何建立网络了。

你不需要去找高水平的销售员来加入你的网络,你只需要找到那些愿意学习基本生意技能、沟通技能,以及希望自己能成为有决策力的企业家或团队构建者的人就可以了。

这个世界上真正善于销售的人并不多,但几乎每个人都可以成为建立网络、指导他人和构建团队的高手。这意味着网络营销对你的街坊邻居们是完全适用的。这是一个可被复制、拥有无限规模效应的生意模式。如果你能将团队的人数从 5 个发展到 50 个,那你就有能力把它继续发展到 500 个、5 000 个,甚至更多。

领导这么多人,领导力是必不可少的。这就是我们下一章要讨论的问题。

第14章

资产六：无与伦比的领导力

当我刚刚进入到网络营销世界的时候，我听了很多演讲会，参加了很多活动。我发现在这些场合经常会有人站在台上鼓励大家去追求更高的人生价值。

当我听他们说自己是如何从当年的身无分文奋斗到如今的家财万贯时，我发现这个行业的人所做的事情正是我的富爸爸教我的：这个行业不仅让他们学习经商的原则，还把他们塑造为领导者。

虽然他们也经常谈到钱，但他们的最终目的还是在引导人们从自己的小世界里走出来，勇敢地战胜恐惧，执着地追求梦想。而他们要做到这一点，领导力是必可不少的素质。虽然有些人张口闭口不离"梦想""陪家人的时间""自由"等这些老生常谈的词，但能够真正让他人行动起来、追求这些宏伟目标的人并不多。这就需要领导力。

所以说光靠背诵和重复一些套话是没用的。你一定要具备同他人进行深层次交流的能力。这是一种超越了语言的能力，这才是真正的领导力。

你可能会说领导能力已经包括在第一种资产（真实世界的生意教育）和第二种资产（个人发展的捷径）之中了。这也有道理，但由于领导力是一种很珍贵、很强大而且很难得的能力，它完全可以单独列为一种资产，作为一个专门的章节来阐述。

每一种生意技能都是你成功的重要元素，然而领导力是将这些元素凝聚起来的力量。只有领导力才能塑造出成功的企业。

直接和他人的灵魂交流

我是成长于20世纪五六十年代的人，而那个时代的肯尼迪总统是我见过的最优秀的演说家之一。当他在1961年向全国人民承诺"我们将在十年以内把人类送到月球"时，科学家们心里还完全没有底，这似乎是一个太大的承诺。但我们果然做到了。虽然在肯尼迪说出这句话以后不到3年他就被暗杀了，当时离承诺兑现的时间还剩下7年。但他的领导力是如此之强，以至于连死亡都无法阻止。所以，虽然我们的国家在那段岁月经历了各种挫折，总统被刺、深陷越战，以及从副总统继任总统到1968年尼克松上台这段时间内无休止的权力斗争，但最终怎样？

最终，我们在1969年实现了登月。没错，我们在不到十年的时间里做到了。

这就是领导力：靠自己的眼光，让看似不可能的事情成为现实。真正的领袖所向披靡。

在越南期间，我发现好的领导者并不是那些整天大呼小叫甚至依靠武力的人。即便是在战争最激烈的时候，我发现好的领导者也往往都是非常安静的人，他们能直接触碰到他人的灵魂。

伟大的领导者都很善于讲故事，他们能把他们看到的未来以生动的方式告诉别人，这样其他人仿佛也能看到。耶稣、佛陀、特蕾莎修女、甘地和穆罕默德都是如此。他们之所以是伟大的领导者，就是因为他们善于跟别人讲故事。

当今时代，金钱不会大量流向那些能够提供优质产品和服务的企业，而是会流向拥有优秀领导者的企业。如果一个企业不会讲故事，那它就无法生存，不管它有多少库存产品。我发现许多企业之所以处境艰难，往往是因为它们的领导者不善于向别人表达企业的愿景。也就是说，这位领导者不会讲故事。他们也许智商很高，但沟通能力不足。

B象限所需要的领导力和E象限、S象限所需要的管理能力截然不同。别误会，管理能力当然也是很重要的，但它和领导力完全是两回事。经理不一定能成为领导者，同样，领导者也不一定能成为经理。

我遇见过许多S象限的专业人士或小企业主，他们很想把自己的生意做大，但总是无法实现。很重要的一个原因就是因为他们缺少领导力。没人愿意追随他们，员工不信任他们，也无法被他们激励。我还遇见过许多中层管理者，他们之所以无法爬到高层，同样是因为沟通能力不足。这个世界有许多找不到自己真爱的孤独的人，因为他们无法让别人知道他们其实是多么好的人。

  沟通能影响到我们生活的方方面面，这也是网络营销要教会人们的首要技能。

  网络营销领域的领导者们往往把自己形容成是"靠讲故事赚大钱的人"。可以说他们是那些会讲故事的人中收入最高的人，而原因就是因为他们的故事讲得好。

  当我参加网络营销培训时，我总能遇到一些白手起家、干得非常成功的企业家。他们许多人都是很好的老师，因为他们用自己的经历来教育别人，而不是生搬理论。在一场场的研讨会上，每当听到他们直白地讲述真实商场上的生存法则时，我总会会意地点头。

  研讨会之后，我一般都会找授课者聊天。在聊天的过程中我发现他们都是收入极高的人。他们的收入不仅来自他们的生意，还来自投资。有些人的收入甚至比美国顶级 CEO 的收入还要高。

  其中给我留下更深印象的是，虽然他们已经很富有，完全不用靠组织这些培训来赚钱，但他们对培训工作充满了热情，他们愿意帮助更多的人获得成功。

我逐渐意识到：网络营销是建立在领导者帮助他人获得成功的基础之上，而传统企业则是建立在提拔极少数人、让大多数人满足于拿死工资的基础之上。这些网络营销授课者们绝不会说："如果你不好好表现，你就会失去工作。"他们只会说："让我来帮你做得更好，只要你愿意学，我就愿意教，我们是一个团队。"

一种特殊的领导力

许多人都有成为领导者的潜质，只是这些潜质没有被开发出来而已。他们没有发挥这些潜质的机会。我的富爸爸就明白这一点。他之所以鼓励我加入海军陆战队，然后又支持我上战场，很重要的一个原因就是为了培养我的领导力。

你不用去海军陆战队也可以通过网络营销来实现这一点。网络营销所培养的不是一般的领导力，而是一种特殊的领导力。

军队培养的是能够号召同胞们保卫祖国的领导者；传统商场培养的是能够建立团队、打败竞争者的领导者；网络营销培养的是善为人师、能够感染他人的领导者，他们让他人分享自己的梦想，并朝着共同的梦想努力。

所以，网络营销中的领导者们不需要战胜敌人，也不需要打败竞争者，他们只是鼓舞人们去追求这个世界赋予我们的财富，这不会伤害到任何人。

培养人们的领导力是网络营销一个独特的内在属性。当然，你会说你在其他领域也可以培养领导力。不管是在军队、政府还是在传统企业，每一个行业都能出好领导。但其实真正具有领导力的人是非常少的，除非是在网络营销行业内。

为什么呢？约翰在这个问题上很有见地。

约翰：网络营销很特别的一点就是，它为一个完全由自愿者组成的团队在薪酬方面提供了一个广阔的发展空间。

在网络营销行业内你会发现没有任何人需要打卡，甚至他们都不用上班。作为一名网络营销员，没有人被雇用，也没有人被解雇，一切都是基于自愿。没有人告诉你应该干什么，也没有人对你发号施令。

为什么会这样？是什么驱动着这台"机器"运转？答案就是：领导力。

而且，你在网络营销行业锻炼出来的领导力还能够应用到生活的其他方面。

领导者必须具备的素质

传统学校把你训练成一个好员工，他们只关注一点：你的心智能力。只要你能解出方程、能通过考试，你就被认为是一个能够肩负重任的聪明人。

这很可笑。

我今天之所以能够成为一名成功的企业家，主要是得益于我在海军陆战队接受的训练。因为军校不仅关注你的思考能力，还关注你的情绪控制能力、体力和毅力，让你能够面对极端恶劣的环境。

我虽然具有在越南驾驶直升机的能力，但如果我没有过人的毅力是无法实现顺利飞行的。一旦内心变得不够坚强，恐惧就会占据我的内心，我在机舱的动作就会变得僵硬。正是在思维、情绪控制、体力和毅力四个方面的协同作用下，我才能完成各项任务。

这也让我懂得了成为商场上的领导所需要的素质，其实同样还是这四点：思维、毅力、体力和情绪控制。

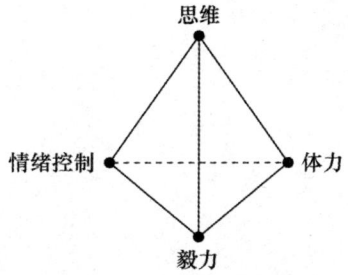

如果你无法做到这四点，你将注定失败；如果你不能在你的员工身上发展这四种能力，从而让他们也成为高效的领导者，你也注定会失败；就这么简单。

在军校你还能学到另一点：既然已经站在一支队伍的最前面，你就不要太在意别人对你的看法。没错，每个人都想让别人喜欢他，但要成为一名伟大的领导者，你必须善于划定边界，监督员工行为，并在必要的时候纠正他们的错误，有时你还要批评他们。相信我，你必须这样做，无法逃避。只有这样，你才能创造出一个优秀的团队：一个懂得你的预期，知道什么是你能够容忍、什么是你不能容忍的团队。

第15章

资产七：创造财富的机制

托马斯·杰斐逊和约翰·亚当斯是《独立宣言》三位签署人中的两位。他们是终身的好朋友，虽然他们的友谊并不是建立在他们的共同点之上。因为他们俩的性格完全相反，一度还成了政治死敌，在许多问题上针锋相对。曾经有好多年，我们的第二任总统和第三任总统之间是不说话的，但在晚年他们还是和解了。他们两人之间长期的通信也成为美国文学的瑰宝之一。

他们甚至是在同一天去世的，1826年7月4日。五十年前的这天正是他们俩和富兰克林一起签署了他们起草的《独立宣言》。

如果关于这两个人还有鲜为人知的事情，那就是他们同财富的关系。

杰斐逊是典型的弗吉尼亚贵族地主，拥有几千英亩的土地。而亚当斯是一个来自马萨诸塞州穷人家庭的律师，大半辈子都是在穷困潦倒中度过。但在他们俩去世的时候，亚当斯拥有10万美元的存款，而杰斐逊却欠下了10万美元的债。

杰斐逊本来不缺金钱和财产，只不过他把这些财富都挥霍掉了。亚当斯虽然没什么钱，但他生活节俭，并掌握了积累财富的方法。

我写这本书的一个重要目的，就是让你知道金钱和财富的差别。为什么那些中了百万美元大奖的人往往会在三年内破产？因为他们的钱是从天而降的，他们不懂得什么是财富。

财富和金钱完全是两码事。财富不是按照你的收入计算的，而是根据时间来衡量。比如说，如果我的存款和支票合起来有1 000美元，而我每天的开销是100美元，那么我的财富就是10天。也就是说，财富是指能够支撑我未来时间的一种能力。你可以问一下自己："如果我从今天开始不工作了，在经济上我可以维持多少天？"你的答案就是你目前的财务状况。

其实，我们还可以对这个概念做一个扩展。说得更确切些，财富是你今天的生活质量与你以这种质量能维持的天数之和。

富人之所以变得越来越富，是因为他们赚钱的方式与穷人不同。他们不会想如何挣工资，而是想着如何创造自己的财富。这两者有天壤之别。

网络营销最有价值的地方就在于：它是一台人们创造财富的引擎。虽然大多数人看到它时都没有发现这一价值。

我获得财务自由的四步法则

我和金很早就可以退休了,我们不需要政府帮助,也没有买股票或共同基金。为什么不买股票或共同基金?因为我们认为这种投资风险太大了。在我看来,共同基金是风险最大的投资途径之一。

我和金是通过四步法则来实现年轻退休的。我们总共只花了九年的时间就从一无所有的窘境到了可以无忧无虑退休的富足,完全不依靠在证券市场或基金市场的运气。这四步分别是:

(1)办企业;

(2)追加投资;

(3)投资房产;

(4)利用资产享受生活。

让我们来一个一个地分析。

1. 办企业

办企业能给你带来巨大的资金回报。此外,美国的税法倾向于保护那些在B象限中赚钱的人,惩罚那些在E象限里挣钱的人。

企业就像个孩子,它的成长是需要时间的。有的企业需要的时间会短些,有的会长一些。但一般说来,一个企业需要五年的时间才能成长起来。

2. 追加投资

这一步要求你不能把企业的收入马上就用在享受生活上。许多第一次做网络营销的人都会犯这个错误。当他们发现新的生意模式已经可以给他们带来收入的时候，就马上扩大自己的生活开支——买车、买更大的房子、进行奢华的旅行，等等。

他们为什么会选择这样做？因为他们没有远见。我看过一些智商高、见识广的人也做过这样的傻事。他们这样做只有一个原因，那就是他们还在呼吸着 E 象限的空气，用 E 象限的方式思考问题，过着 E 象限的生活。如果你想创造财富，你必须从左边的两个象限中全身而退，完全按照 B 象限和 I 象限中人们的思维方式来思考问题。

首先，你要坚持你白天的工作。你不应该马上辞掉工作来做网络营销，否则你只是把网络营销当做一份新工作而已。这样，你是无法创造财富的。与此相反，一旦新的生意模式已经给你带来经济效益，你应当开始第二步，把这些钱作为追加投资，重新投入到企业中，这样企业才能继续发展。

"但是我不喜欢我白天的工作，我讨厌在那里工作。难道这不是最重要的吗？我已经厌倦了当员工的生活！"

你说的有道理，你希望通过辞掉工作逃离 E 象限。也许你恨透了自己的工作。当然，你也可能像许多专业人士一样很喜欢自己的工作，只是不想每个星期工作五六十个小时而已。不管你们的理由是什么,事实就是这样:如果你把新的生意模式带来的收入都用来享受生活,那你就不是在创办企业。这样看来你只是换了一个工作而已。

一个真正的企业家永远不会停止对自己企业追加投资。之所以那么多人办不好企业,就是因为他们没有对企业进行持续的追加投资。

那么,网络营销是不是也是如此?

约翰: 传统企业会把追加投资用来修建新的仓库、在全国范围做广告、开发新的生产线或开拓新的销售渠道。但作为一名网络营销员,你根本不用把钱投在这些项目上。因为网络营销本身就会帮你完成在这些项目上的投资。

那你的追加投资应该投到哪里?当然存在一些聪明的投资方式:你可以把追加投资投在培训和继续教育上,或投在其他城市营销网络的发展上,或投到能够帮助网络营销业务发展的教育工具和资源上。

总体说来,在网络营销行业,最主要的投资不是资金,而是时间和精力的投入。

也就是说,你可以用网络营销给你带来的收入来积累自己的财富。注意,我说的是积累,而不是消费。

不要犯那些我在其他人身上经常看到的错误,比如说用自己的佣金来享受更豪华的车、更大的房子或更奢侈的生活。不要这样白白地把你的财富挥霍掉。

充满崇敬地对待自己的财富，把它用来投资。

3. 投资房产

当你的企业给你带来的收入越来越多的时候，你可以考虑用剩余的资金买房产。

你可能会注意到，除了房产你还面临着很多选择，比如买共同基金、股票或其他纸资产。虽然这是最便捷的投资方式（你只需要买进就可以了），但这也是风险最大的投资方式。你的收入是按照资本收益率来纳税，如果你没有相关的金融知识是很难掌握投资要领的。我们的目的是通过投资来创造出能够给你带来持续收入的资产。实现这一点的途径有很多，我最推崇的是买房产，原因主要有以下两个：

第一，我们的税法对投资房产的人有政策倾斜；

第二，有了房产银行会更愿意贷款给你。

但如果你跟银行经理说你的贷款期限为30年，利率为6.5%，然后说你要用这笔钱来买股票或共同基金，那他们一定会笑掉大牙的。

有的人问我："如果我的收入连房租都交不起，你要我怎么买房产啊？"是啊，你手头上没有可支配资金当然是买不起的，这就是为什么我说要先有自己的企业，追加投资，然后才会有结余的钱来进行这项投资。

请允许我再对"投资房产"做一个解释，因为许多人都没有理解我的意思。大多数人会认为买房产的目的就是低价买入后高价卖出（有的人一看房价涨了就会卖出去，有的人会更有耐心一些）。这样理解就大错特错了。这就像把奶牛宰了卖肉一样。你应该让你的奶牛好好地活着，然后卖它产的奶。

买房产的目的不是卖掉它们，而是把它们变为能给你持续带来收入的资产。

要学会这一点并不容易，这需要时间、教育、经验和资金。就像学习其他新事物一样，你很难做到不犯任何错误，而且在房地产界犯下的错误（特别是在房产管理上）往往会让你付出高昂的代价。所以说，除非你已经拥有来自B象限企业带来的稳定收入和税收上的优惠政策，否则投资房产对你来说风险太大、回报太慢。

许多人之所以无法通过房产来变得富有是因为他们没有足够的资金。在房地产领域的投资往往都是大手笔的交易，如果你没有足够的资金，你得到的交易机会往往都是有钱人放弃的。现在之所以有那么多寻找"零投入"投资机会的人，就是因为他们没有投资资金！除非你既有经验又有资金，否则这些所谓的"零投入"投资机会会让你输得很惨。

4. 利用资产享受生活

许多年来，即使在我们已经有很强的消费能力以后，我和金还是住在那间小房子里，每月付400美元的按揭，开着再普通不过的汽车。与此同时，我们把节省下来的钱全部投资到我们的企业和房产上。

现在我们的房子很大，我们有六辆高档汽车。但这房子和车都不是我们买的,是我们的资产帮我们买的。我们只是享受这些东西而已。

当我说"享受"二字时,我并不是说去买那些非常奢侈的东西。我指的是"你需要而且喜欢"的东西,是比"必需品"更进一步的东西。

比如说,假如有个人为了生活而在一个他很不喜欢的岗位上工作。如果你说,"嘿,你既然这么不喜欢现在的工作,为什么不辞职?"你猜他会怎么回答你?

"我也想啊,但是我没有这个福分啊。"

没错,对大多数人来说,他们认为"享受"的福分就是不用工作。怎样你才能不用工作?同样的道理,你应当让你的企业或房产来为你买下这个"福分"。而要实现这一点,你首先要建立这种能为你带来"福分"的资产。

明白这是怎么回事了吗?

你用自己的工资是永远买不起这些"福分"的。你只能用自己的工资来建立资产,不管你的资产是企业还是房产。一旦这些资产形成了一定规模,它们就会为你买来数不尽的"福分"。

下面我们就来谈一谈梦想。

第 16 章

资产八:追求梦想,实现梦想

网络营销的另一个有价值的地方就在于其对追求梦想的强调。注意,我这里说的不是"做梦",而是"追梦"。它不仅希望你拥有梦想,还希望你把梦想变为现实。

此外,它鼓励你拥有宏伟的梦想。在我关注网络营销以后,我身上发生的最大的变化就是我拥有了比以前更大的梦想。

传统企业并不希望自己的员工有宏伟的梦想。适中的梦想更有利于传统企业的运作,比如你梦想的是夏天能有个短假,有自己的爱好,周末下午能打场高尔夫球,等等。

我并不是说这种小小的追求不好。我想说的是,这只能算是过小日子。

在我成长的过程中我经常听父母说"这个东西我们买不起"之类的话,但我的富爸爸要求我和他的儿子不能说这样的话,而是让我们问自己"我怎样才能买得起"。

这两句话虽然看上去差别不大，但它们所体现的却是截然不同的理念。如果你能在思想上选择后者，加上经验的积累、人生选择的增多，假以时日，你一定会过上完全不同的生活。

如果你习惯性地问自己"我怎样才能买得起"，你就是在让自己的梦想变得越来越宏大。不仅如此，你还相信这些梦想是可以实现的。但如果你说"我买不起"，你就像是往自己理想的蜡烛上浇了一盆凉水一样。这个世界上已经有太多人试图扼杀你的梦想。虽然有的人是出于好意，但出自他们口中的那些话却是梦想的杀手，比如说：

"你肯定做不到。"

"那风险太大，你知道有多少人摔倒在这上面吗？"

"别傻了，你哪想来的馊主意？"

"如果这个想法真行的话，你不觉得早就有人试过了吗？"

"哦，那个，我几年前就试过了，让我来告诉你为什么没有可行性。"

以上这些都是扼杀梦想的话，而且我发现一个很有意思的事情，那就是说这些话的人往往就是已经放弃了自己梦想的人。

我和金曾经身无分文，但是我们向对方承诺：我们会成为百万富翁，我们会住上大房子。现在看来，这些梦想我们都已经实现了，我们很喜欢现在的房子。但我想说的是，其实房子并不重要，我们有买房子的钱也不重要，最重要的是在这个过程中我们变成了怎样的人。

你只有通过不断努力、不断学习，尽全力发展个人能力，最后奋斗到能买得起房子。但在这个过程中，自我的成长才是你最大的收获。

我的富爸爸常常告诉我："那些没有鸿鹄之志的人，往往一辈子都是一个小人物。"

每个人都有自己的梦想，但每个人的梦想都不相同。我的富爸爸曾总结出五类不同的梦想者：

（1）梦想回到从前的人；

（2）没有远大梦想的人；

（3）实现梦想之后生活变得乏味的人；

（4）有远大梦想却没有实现梦想的计划并最终一事无成的人；

（5）有梦想，能够实现梦想，然后又确立更大梦想的人。

梦想回到从前的人

这些人相信他们最大的成就都是过去取得的。他们经常会得意地跟你谈起他们那些年在大学、军队、高中足球队的日子，或伴随他们农场的发展所取得的辉煌事迹。但如果说起未来，他们大概只会摇摇头说道："哎，这个世界变得越来越糟。"

那些梦想回到过去的人，他们的生命其实已经结束了。他们的身体还活着，但是他们的灵魂已经死去，唯一能让他们活过来的办法就是让时光倒流。

没有远大梦想的人

有的人只敢拥有很小的梦，因为这些梦都很容易实现，而且这是让他们保有自信的唯一途径。可让人感到讽刺的是，虽然他们知道实现这些梦想很简单，但他们往往会选择不去实现。为什么？没有人知道。可能是因为如果把这些梦想实现了，生活就更没有奔头了，他们可不愿意在实现了小梦想后再拥有一个更大的梦想。

也就是说，他们宁可过自己的小日子也不愿意承担过得潇洒一些的风险。你经常会听到有些人在年迈的时候说："我那些年本应该做那件事的，我只是一直没有去做。"

我曾问过一个朋友："如果全世界的钱都是你的，你最想做的事情是什么？"

他回答说："我最想做的是飞到加州去看望我的姐姐。我有整整14年没有见过她了。我太想看到她了，特别是趁着她孩子还小的时候。这就算是我最梦想的假期了。"

当时，去加州他只需要花费500美元。我指出了这一点，并追问他难道连这点钱都没有吗。他告诉我说："我肯定会去的，只是现在手头上事情太多了。"其实说白了，他喜欢把自己的"梦想假期"当做一个美好的白日梦,而不是从梦中醒来去实现它。

我的富爸爸告诉我,这些梦想家往往是很危险的人。他说:"这些人像乌龟一样活着。它们躲在自己安静而舒适的小空间里。如果你敲敲它的壳或往里看一看,它很可能会冲出来咬你一口。"

最后的结论就是,让这些"乌龟"继续做他们的美梦吧。他们大多数人将毫无建树,但是对他们来说这也挺好。

实现梦想之后生活变得乏味的人

我有一个朋友曾对我说:"二十年前,我希望成为医生,然后我就真成了医生。当时我很喜欢这一职业,但现在我觉得了无生趣,感觉像是少了什么东西似的。"

乏味意味着你需要确立新的梦想了。我的富爸爸告诉我:"有许多手工业者都梦想能回到高中那会儿,但问题是他们已经离开学校很久了,其实他们应该选择开始新的人生旅程。"

有远大梦想却没有实现梦想的计划并最终一事无成的人

我们生活中应该都见过这类人,他经常说:"我已经取得了重大突破,让我来告诉你我的新计划。""这一次情况完全不同。""我要开始新的生活了!""我要开始努力工作、还清账单,开始投资。""我刚听说有个公司来我们市里找我这样的人,说不定这是我翻身的机会。"

我的富爸爸说:"这一类人想做成的事情很多,但他们总是试图以个人的力量完成这些事情。他们敢于梦想和制订计划的习惯是没有问题的,但其实他们应该找一个团队来帮助他们实现梦想。"

有梦想,能够实现梦想,然后又确立更大的梦想的人

我想我们大多数人都想成为这样的人。至少我想成为这样的人,你呢?

我的富爸爸说:"大人有大志,小人有小志,如果你想改变自己,先改变自己梦想的大小。"

你们都知道,我经历过破产,倾家荡产式的破产,和我的新娘住在汽车里。我知道那种滋味,但是破产只是暂时的。贫穷则不是,贫穷是一种心态。你可以破产,但仍然可以保持内心的富有,拥有富人的志向、富人的勇气和富人的决心。拥有梦想是不花钱的,就算你的梦想无比宏伟也用不着你花钱。不管你现在的财务状况有多么糟糕,你都不会因此而变得贫穷,能让你变得贫穷的唯一途径是放弃自己的梦想。

网络营销这种生活方式一个显著的特点是,你的梦想不

是在40年后才能实现，也不是几个星期或是在某个周日的下午才能实现。当你开始建立自己的网络营销业务后，你就开始实现自己的梦想了，起初只是一点一点地实现。

你要改变自己的心态，从以前的"我不能"变为"我能"，从"受环境的摆布"变为"成为命运的主人"，从奴役走向自由。

梭罗对这种生活进行过深入思考，在《瓦尔登湖》一书中他给出了自己思考的结论："我通过自己的经验认识到，如果一个人充满信心地朝着自己的梦想前进，勇于去过自己想过的生活，那他一定会获得意想不到的成功。"

这句话说得太好了！

第 17 章

一个女性占优势的行业①

  到目前为止，你们已经听我好几次谈起我的妻子金。你们已经知道了我们是如何相遇的，我是如何追求她的，我们早期经历的艰难境遇，我们的目标和实现目标的策略，以及我们现在的生活。在结束这本书之前我们想让你们直接听一听她自己是怎么说的。

——罗伯特·清崎

  关于网络营销及其为你带来的多种资产，罗伯特已经跟你们说了很多了。我想跟你们分享另一点：网络营销对女性来说是一种非常好的生意模式。

  当你第一次看到一个网络营销团体时，你肯定会在其基

---

① 本章由金·清崎以其女性独有的视角为我们阐述为什么在网络营销领域中女性占有优势。——编者注

本数据上发现一个非常显著的特征：女性成员几乎是男性成员的4倍。

我没有开玩笑。根据网络营销协会的数据显示，在美国，网络营销的从业人员大概有1 500万人，而其中约88%为女性。虽然该协会没有提供该行业在全世界6 200万人中的性别比例，但我想它和美国的比例不会有太大的出入。

为什么会这样？从历史上看来，大多数家庭都是把网络营销当做兼职来经营。对于那些以男性为主要劳动力的家庭来说，只有女性能在家利用闲暇时间做一些事情了。

此外，网络营销本身就是一个以家庭为基础的行业，这意味着建立营销网络和在家带孩子一点都不矛盾。

但是除了现实原因和历史原因之外，还有其他原因导致这一现象发生。

网络营销本质上是一个关于人与人之间关系的生意模式。正如罗伯特所说，它关注的不是销售，而是如何建立联系。在这个行业内最重要的是如何同他人建立联系，通过指导与培训来吸引和影响他人。建立营销网络的过程不太像一个吸引消费群体的过程，而更像是一个建立社区的过程。

作为网络营销业务的发起者，你必须要支持、指导并培养自己网络中的人，而这种互动关系正是女性所擅长的。

当然，这并不是说男性就做不好网络营销。每天都有成千上万的男性在这个领域证明了自己。但相对来说，这是一个女性占优势的行业。

女性需要什么

女性能在这个行业占优势是一件好事,因为今天的女性尤其需要学会如何创造自己的财富。

几年前有一位女记者激动地对我说:"作为女性,我们应该在经济上获得自主权,而不能依靠别人来帮助我们实现这一点。"

聊了一会我才知道她为什么会这么慷慨激昂。原来那时她54岁的母亲刚刚离婚,不得不搬来和她一起住。而离婚后母亲一无所有,她现在不但要养活自己还得养活母亲。

母亲的遭遇对她影响很大,但更让她意识到问题严重性的是,当她仔细分析母女俩的经济来源时发现,如果她因为某种原因而没有工资的话,她的全部存款只有可怜的7 000美元。

对于一个两口之家,7 000美元是维持不了多久的。她和母亲离一贫如洗甚至无家可归并不远。难怪她在说起女性应当掌握经济自主权时是那么激动。

庆幸我没有落到和这位女记者一样的处境。不管经济形势变得多糟糕,我和罗伯特这辈子都不需要担心没有足够的钱过日子。

虽然我没有任何经济压力,但我也和这位女记者一样希望女性能获得经济上的独立。

网络营销在方法论上对于男性和女性都是一样的,但是女性建立营销网络的动机却和男性不尽相同。

我们现在的生活和上一代人的生活相比已经有所改善，但实际上变化真的有那么大吗？看到以下数据也许会让你吃惊，这也是女性应该加入到这场被称为"创造财富"的游戏中的原因。

1. 数据

关于女性和财富的数据非常有震撼力，以下我给出的是美国的数据，但其实在世界上其他国家情况也很相近，至少趋势是相同的。

● 50岁以上的妇女中有47%的人为单身。也就是说她们必须完全对自己的经济负责。

● 女性的退休收入比男性少。因为为了照顾家人，她们离开工作岗位的平均时间为14.7年，而男性只有1.6年；除了工龄上的劣势，女性的基本工资也比男性低，以致女性最后的退休收入只有男性的1/4。（美国女性与退休研究中心，NCWRR）

● 女性的平均年龄要比男性长7~10年（安·雷特里希，2000年6月12日），这意味着她们需要额外考虑这些年的经济支出。那些婴儿潮期间出生的女性，她们的寿命会比配偶平均高出15~20年。

● 贫困老年人中，75%为女性。（晨星公司）

● 每10个女性中有7个人会经历贫困状态。

这些数据能告诉我们什么？它告诉我们许多女性都不知道如何在经济上照顾好自己，特别是在年纪大了以后。作为女性，我们把大半辈子时间都奉献给了家庭，但到头来我们却连自己都照顾不好。

2. 避免依赖

你结婚当然不是为了离婚，就像你开始干一份工作并不会想着自己有一天会被解雇一样。但这些不幸的事情会经常发生的，特别是在如今这个年代。

女同胞们，如果你们试图把自己经济上的未来寄托在你的丈夫、老板或其他人身上，请你再好好想一想。他们可不会一直帮助你。很多时候，我们只有亲身经历人生挫折后才知道我们是多么地依赖外界。

3. 没有"玻璃天花板"[①]

2009年以后，公司的员工们要面对的挑战很多。但有一个挑战是专为女性准备的，那就是臭名昭著的"玻璃天花板"。

没错，的确是这样。即便是在当今这个时代，女性在公司等级阶梯上只能爬到一个特定的高度。而对于一位超过50岁的女性来说，要想重新进入公司就业比登天还难。

在网络营销的世界里给女性设置"玻璃天花板"被认为

---

① 玻璃天花板，通常专指女性所遭遇的在工作中晋升时遇到的一种无形障碍。——编者注

是一件荒唐的事。你的网络营销公司根本不在乎你是男性还是女性，不在乎你是黑人还是白人，不在乎你是大学毕业生还是高中辍学生。公司只在乎你是否在努力而高效地建立自己的网络，正如我已指出的，在做这件事情的女性是男性的4倍。

最重要的是你的技能、教育和经验。在网络营销的世界里，女性的发展没有任何限制和屏障，不管这种屏障是以"玻璃天花板"的形式还是以其他形式出现。

4. 没有收入限制

由于职场上存在男女工资差异和针对女性的"玻璃天花板"，所以女性能挣到的钱往往很有限。研究显示，具有同样教育和工作经历的男性每赚1美元，女性只能赚74美分。

但在网络营销领域是没有这个收入限制的。不管你是男是女，你都可以通过营销网络的构建得到巨大的资金回报。

5. 增强自尊

我个人认为网络营销最大的一个好处，以及女性都愿意加入这个行业的原因，就是它能给人带来自尊感。女性的自尊心直接和她的收入相关，这一点不奇怪。在经济生活上依赖他人会严重地侵蚀一个人的自我价值感。在对外界严重依赖的情况下，你会做很多你本来不愿意做的事情。

我认识一些女性，当她们实现经济独立后，自尊感马上会比以前强多了。随着自尊的恢复，她同身边人的关系也会得到改善。自尊心能带来更大的成功，最终带来最大的馈赠——自由。

6. 掌控时间

当谈到女性创业的问题，一个最大的障碍就是时间。这也是女性跟男性相比存在的一个很大的劣势。尤其是对于那些要照顾孩子的女性来说更是如此。我常听许多女性抱怨说："我下班回家后需要做饭、辅导孩子的功课、洗碗，等每个人都上床睡觉后我才有自由，但这时我已经筋疲力尽。"

但作为一名网络营销员，你完全可以掌控自己的时间。对于这份工作你既可以兼职做也可以全职来做，而且你还可以通过电脑或电话在家工作，在晚上，在周末，任何地点、任何时间都可以。你甚至可以一边旅行一边工作，如果你受环境和日程安排限制的话，你还可以利用半个小时的零碎时间来工作。

创造财富的必要性

以上六个原因已经证明了女性学习创造财富的紧迫性。通过数据我们不难看出女性的地位在不同时代的状况。对女性而言，改善自己的生活已经不再是一种愿望，而应当是刻不容缓的任务。在经济上依靠别人就像扔骰子一样不可靠，虽然你最后也可能获得幸福，但其中的风险不言而喻。

女性一直以来就在为改变"玻璃天花板"和收入限制而努力。在网络营销公司你就不用再面对这些烦恼，不仅如此，你还能得到两个最重要的礼物，一个是更大的自我价值感，一个是更多的自由时间。这两样不正是你长期以来苦苦追求的吗？

但是，虽然罗列了这么多理由，我不知道哪个理由对你最有说服力。因为你不是一个抽象化的女性，你就是你，建立营销网络最有力的理由只有你自己知道。

创造财富，享受过程

对你来说，不管最有说服力的理由是哪一条，你都要记住一点：当你做网络营销时，快乐始终是最重要的。

每个月能多赚100美元、1 000美元甚至10 000美元，告别依赖他人的生活，拥有属于自己的时间，是一件非常美好的事情。但如果你不能从中得到快乐的话，你的生活最终又会变得跟打工一样乏味。简而言之，你要对自己做的事情充满激情，你动力的缺失最终会体现在你的银行账户上。

这就是为什么在各种网络营销模式中，我最喜欢聚会营销模式。这种模式以家庭聚会为基础，最适合想着手做网络营销的女性。利用聚会营销，你不但可以舒舒服服地在家和亲人与朋友共同度过美好的时光，还可以建立一个可以带来巨大财富与无穷乐趣的社交圈。

关于聚会营销还有一点很有趣，那就是即便是在经济动荡的时期，这种模式仍然可以保持良好的发展态势。这也是人们把网络营销看做是一股推动经济发展的强大动力的原因。诸如福维克（JAFRA 化妆品）、玫琳凯、特百惠、Scentsy、Partylite、Stampin' Up、Jewels by Park Lane、the Longaberger Company 和 Southern Living at Home 等公司都是全球年销售额在 1 亿美元以上的网络营销公司。

根据 2009 年《网络营销新闻》的报道，一家采用聚会营销模式销售特色食品的网络营销公司，2008 年在销售业绩上依然实现了 5% 的增长。另一家采用聚会模式的网络营销公司——Pampered Chef 公司（2002 年被亿万富翁沃伦·巴菲特收购）同时期公司员工数增加了 5%。

这说明了什么？这说明采用聚会营销模式的网络营销公司给那些想获得财务自由的女性们提供了一个低风险、高回报的机会。不管是每天待在家里但希望创业的家庭主妇，还是想增加自己收入的职场女性，抑或是想赚些外快的大学生，我都向你们推荐这种模式。每个想既能赚钱又能找乐子的女性都不要放过这个机会。

什么对你最重要

在我们第一次约会时，罗伯特就问我"你这辈子想做什么"。我告诉他，我希望有一天能有自己的公司。他回答说："我会帮助你实现这个梦想。"结果不到一个月，我们就一起开了一家属于自己的公司。

但后来他又开始问我一些更大的、关乎心灵的问题，比如我活着的意义是什么。当时还是20世纪80年代，人们都还在争当工作狂。到了90年代，人们才开始更加审慎地看待自己的生活，并提出了一些更具有实质性的问题。但9·11事件发生之后，人们才开始反思："天啊，等等，我每天奔波到底是为了什么？我每天到底做了什么？我到底将走向何方？"

我总是听女同胞们说她们没有时间在家里做这些事情。我跟她们说："要想把事情做成功，最为关键的是你要审视自己的生活，认真地审视，然后问自己'生活中哪些有意义的事情是我一定要做的'。"

你一定要弄清楚：你努力办企业、赚钱，然后用这些钱来积累能够终身享用的财富，到底是为了什么？如果没弄清这个原因，你是无法成功的。

每个人对自由的定义都不同，每个人对成功的定义也不尽相同。数字这个概念过于抽象，不管是5 000美元还是100万美元，本身并没有什么意义，意义都是你在生活中赋予它们的。

刚结婚时，我和罗伯特都对开公司充满激情，我们不想让别人对我们发号施令，我们要自己决定自己的财富命运。这一点对我们非常重要，为了实现这一点我们愿意面对任何困难。

但实现这个目标是需要时间的,真的,我们差不多花了将近十年的时间。

有时,没有工资收入会给我们带来巨大的压力。许多朋友都说我们疯了,劝我们赶紧找一份有固定工资的稳定工作,但那绝对不是我们想要的。

最后我们决定采取一些应急措施,罗伯特开始出去教课,我则去一个开服装厂的朋友那儿帮她做营销。后来我去发廊搭起一个简易的小柜台就开始推销产品。我没有固定的工资,只有销售提成,而且说实话,我的提成少得可怜。但这些零活还是帮助我们渡过了难关。

我也学到了成为一名企业家最关键的一点:你要勇敢地走出去,让事情变成现实。只有当你知道什么是对你真正重要的事情,并明白只有你能实现它的时候,你才会有足够的动力迈出这勇敢的一步。

第三部分

你的未来从现在开始

——建立成功的网络营销业务需要什么

第18章

智慧地选择

现在，你已经决定开始做网络营销了。恭喜你！你将面临一些选择：目前有好几万家网络营销公司，你应该加入哪一家？你应该如何选择？

刚刚进入这个行业的人往往会随便选一家，哪家公司最先给他机会，他就和哪家公司签合同。当然，第一家出现在你视野里的公司也许就是很不错的公司，但你还是应该通过全盘思考后再作出决定，因为这关系到你的未来！

所以，你应当怎样选择？你的选择应该基于怎样的标准？

"我们公司的薪酬计划是最好的，你可以在这儿赚大钱！"

这是我在调查网络营销公司时常常听到的话。那些迫切希望介绍他们公司商机的人总喜欢告诉我那些月薪丰厚的人的事例。其实在这个行业赚大钱的人我见过很多，我从来就不怀疑这个行业的赢利潜力。

但我不建议你们把"资金回报"当做选择网络营销公司的主要标准。

"我们公司产品的质量很好，它们是能够改变人们生活的产品！"

这种话我也听过很多。可以说除了金钱，高质量产品是我听得第二多的让你加入他们公司的理由。对于产品的作用我也没有怀疑过。虽然我也看过不少过度吹嘘、名不副实的产品，但好的产品也很多，有的直到今天我自己还在使用，其实拥有高质量产品可以说是网络营销公司的一个基本特征。

但好产品也不是最重要的选择标准。

让我再重复一遍：当我们选择加入网络营销公司时，产品不是最重要的考虑因素。

我之所以强调这一点，是因为许多人都认为产品是最重要的，但它不是。记住，你的工作不是成为一名销售员，你是在创业，这个"业"就是构建网络。所以当你在不同的网络营销公司中进行选择时，你首先要考虑的是：这家公司能帮助我成为一名优秀的网络构建者吗？

我之所以向人们推荐网络营销，最主要的原因就是它有一套能给人带来关于真实世界生意教育和个人成长的体系。

网络营销的这套体系能让每个人都享有财富。只要你有动力、有决心，并且持之以恒，这个行业的大门就会向你敞开。它不在乎你来自哪个家族、毕业于哪所大学（就算你没读大学也没关系)、每天挣多少钱、种族和性别、受欢迎程度,以及你是否聪明。

大多数网络营销公司最关注的是你是否愿意学习,是否愿意改变,是否愿意成长,以及你能否忍受在成为一名企业家之前所要经历的各种挫折和历练。

是不是每一家网络营销公司都是如此?当然不是。任何事物都是有好有坏。

并不是每一家网络营销公司都愿意帮助员工成长。有的公司只是在利用你,它们要让你为公司推销产品,让你把自己的家人和朋友介绍进来。如果你遇见这样的公司,我建议你不要加入,它不会帮助你成长,并且很可能会倒闭。

但好的公司会全身心地致力于你的生意教育,不辞辛劳地关注和促进你技术和能力的提高。如果你遇到这样一家上司愿意培训你并把你塑造成一名商人的公司,那么你就应该选择留下来。

薪酬重要吗?当然重要。产品质量重要吗?毫无疑问。但比这些更重要的,以及我真正关注的是,这家公司是否努力把你培养成一个强大的B象限的人,一个能够创造财富的人。这才是你选择一家网络营销公司时最应该看重的一点,因为它就是你的商学院。

所以,你可以暂时忽略薪酬和产品,花些时间研究一下这家公司:它是否真的愿意培养和教育你?要想得到这个问题的答案,光靠听30分钟的推销介绍,点击五颜六色的网站,或听那些得到高收入的个人案例是没用的。你必须亲自去参加公司的培训会、教育研讨会和其他活动才能知道这家公司对待教育培训的真实理念。

如果公司的演讲给你留下了很好的第一印象,接下来你可以去认识一下做培训的人。

这个过程一定要用心。因为许多公司虽然嘴上说它们有很好的培训计划,但其实根本没有。它们的培训有时只是提供一个推荐书单,然后就开始想着如何通过你把你的家人和朋友都拉进来。

所以选择的时候一定不能急,心要细。有许多网络营销公司确实能提供很好的教育和培训计划,有的甚至是我所接受过的最好的创业培训。

在选择网络营销公司时你应当问自己如下问题:

- 谁是这家公司的"船长"?
- 公司是否提供和贯彻一套可行的行动方案?
- 公司是否将生意技能和个人发展列入其教育与培训计划之中?
- 公司是否拥有能让你心动的高质量、易于营销的产品?

谁是这家公司的"船长"

那些刚刚进入网络营销行业的人一般都没有经验,他们仍然用 E 象限和 S 象限的思维方式，通过产品、薪酬体制和提升空间等方面来评估一家公司的实力。而我则忽略这些，直击重点，看这家公司的负责人。

我并不是说产品、薪酬体制和其他因素不重要，但没有任何一家公司是完美的。每一家公司都会有各种各样的问题，如果这家公司拥有对的负责人，那么不管出现什么差错，问题都是会被解决掉的。其实，如果公司的领导人足够优秀，就没有他解决不了的问题；但如果公司的领导人不佳，一旦出了问题，你一点回转的余地都没有。

就像不能通过封面来判断一本书的好坏一样，你也不能通过看宣传视频和网站来判断一家公司的好坏。一定要看公司的领导人，看他的背景、经验、履历，甚至人格。因为不管你是否会直接认识他们或与他们共事，他们都是你的合伙人。

约翰：有一点我要强调一下，有的人常常传播这样一种谬论，那就是要想赚大钱，就得进入一家刚成立的公司，这是不对的。

罗伯特：这种观点不但不对，而且很愚蠢。因为大部分的创业公司都会在开始的 1~2 年内倒闭，网络营销公司也不例外。那你为什么还要把自己的时间和精力全部投入到一家没有任何历史记录的公司？

约翰：有的网络营销公司非常可靠、非常出色，这其中既包括刚刚成立3年的公司，也包括已经拥有30年历史的公司。的确，加入到一个年轻而有活力的初创公司是一件激动人心的事情。但是如果加入一家已经有几十年经营历史的老公司，你可以省去很多力气，享受公司既有的信誉。

对于是否加入那些刚刚成立的公司，我会特别谨慎。但这也有例外，说不定你就会遇到一家虽然刚成立但很有背景的公司，那就得好好考虑一下了。

最重要的是你得做好功课，弄清楚这家公司和公司的领导到底怎么样。

不要被别人忽悠，有的人要你加入一家只有5年历史的公司，有的则推荐你加入一家有35年历史的公司。在这个问题上根本就没什么窍门，更没有什么神奇的公式可以套用。只要记住一点：你要找的公司是一家知道它在干什么、还明确地告诉你它愿意为你的成长而长期奋斗的公司。

公司是否提供和贯彻一套可行的行动方案

约翰： 一家可靠的网络营销公司不会要你一切从头开始。相反，它会给你提供明确的行动方案，帮助你实现自己所希望的成功。比如说他们会给你安排一个培训向导，告诉你应该每天和每周具体做些什么。

有的公司还给网络营销员提供个性化网站，通过这种方法来帮助他们规划未来，并在网站上分享产品信息和商业机会。CD、DVD、播客及纸质材料等专业营销方式都已经成为网络营销员的必备工具。

公司是否将生意技能和个人发展列入其教育与培训计划之中

我之前已经讲得很清楚了，在我看来，培训和教育是网络营销中最有价值的部分，这比收入还要重要。所以你一定要确定公司能做到这一点。

你要确定公司非常重视在生意技能、性格发展和个人成长等方面进行长期培训。几十年来这个行业的领导者们都很清楚，长期给网络营销员们提供励志和教育性的材料能带来丰厚的回报。之前这些材料主要是书籍和录音。如今到了21世纪，他们开始利用CD、DVD、播客、电视电话会议和网上讨论会对网络营销员进行培训。但不管怎样，书是永远不会过时的。

约翰：还有现场活动。即便是网络时代也无法抹杀亲身参加现场活动的力量，这是其他媒介无法取代的。

现在，建立营销网络的工作有一半是通过电话和网络来完成的，但另一半仍然是通过面对面的方式来完成。你会发现，好的网络营销公司会更加重视举办一些年度的、半年一次的、季度性的或每月一次的现场活动,为什么?因为这样的活动具有巨大的教育、培训和促进个人发展的价值。

顺便说一句,参与对你培训的并不只是网络营销公司,还有与你处在一个等级体系中的一大批人。这其中有直接介绍你进入该行业的人(我们称之为推荐人),还有你上线所有的人,一直到公司主管,因为你的学习、成长和成功能给他们带来利益。

网络营销最奇妙的一点就是,它完全不同于弱肉强食的传统企业环境。在那种环境下你最好的朋友都可能踩着你爬到更高的位置。

网络营销行业则不存在这样令人窒息的竞争。原因很简单,你的推荐人和上线的成功就建立在你成功的基础上。既然他们能从你的成长中获得好处,他们当然会千方百计地促进你的成长!

公司是否拥有能让你心动的高质量、易于营销的产品

产品虽然不是我们考虑的首要因素,但也是十分重要的因素。因为产品是你进行口头宣传的基础。

网络营销公司一般都不会做太多的大众媒体广告,所以

你在广告牌和电视上很难看到这些产品。他们为什么不做广告呢？因为他们采用的是完全不同的营销策略。他们不会把广告预算投入到昂贵的大众传媒，而是把这些经费直接分给像你这样的网络营销员。

约翰：网络营销最大的生命力就在于口口相传，依靠一个一个的人来向其他人介绍公司的产品和服务以及加入这个行业的机会。

所以，那些能够通过网络营销模式卖得很好的产品和服务往往能够让人充满激情。这些产品和服务的背后有很好的故事，具有引人入胜的元素及一段特殊的历史，并且能给使用者带来很多好处。总之，顶级的产品或服务都是有一段特别的故事的。

总而言之，你需要借助口碑。

不要误会我，这里的口碑不是炒作，而是产品本身具备的真实品质和属性。产品是来不得半点虚假的。

但同时你要记住：从来都不存在一种"最好的"产品。或者说，有许多产品和服务都可以成为"最好的"。界定好产品的标准在一定程度上存在主观性，有的人喜欢护肤产品或营养品，而有的人只对科技产品感兴趣。

这种产品有市场吗？它能够吸引许多人吗？它的价格有竞争力吗？你自己信任这种产品的价值吗？你自己会使用这

种产品吗？关于这种产品有好的故事吗？

　　当你向别人推荐产品时，只有当你对它的热爱是发自内心的，别人才有可能喜欢上这样的产品。

第 19 章

建立成功的网络营销业务的必备要素

接下来我们进入下一个问题：做好网络营销到底需要什么？首先我们来看一看不需要什么。

不需要 MBA 学位或强大的商业背景

始终记住"可复制性"这个词。网络营销最好的策略往往是那些能让更多人模仿你的策略。网络营销对 B 象限生意所做的就像福特对汽车行业所做的一样：它将流程细化成一个个的部分，从而实现大规模生产。

约翰：成功的网络营销不是一辆由几个大师级人物手工打造的汽车，而是由成千上万的普通人通过极为简单的方式制造而成的汽车。

不需要"善于销售"

人们对网络营销最大的误解之一就是,认为要想在这个行业成功你必须是一位"销售天才"。

这大错特错。其实这样的想法反而会影响你在网络营销行业内的发展。为什么呢?因为"伟大的销售"是难以复制的。

约翰:记住,这不是一个销售行业,而是一个教育、建立团队和培养领导力的行业。你的工作不是卖产品,也不是教别人如何卖更多的产品,而是教育、引导和重塑人。你首要的任务是建立网络。

罗伯特:销售不是关键,关键是建立网络。

约翰:对。

不需要辞职

在起步阶段,你最好不要辞掉自己原来的工作。在网络营销领域创业对你来说并不是换一个新工作,你不可能从第一天开始就拿到工资。建立自己的网络是需要时间的,你要留给自己足够的建立网络的时间。

约翰：经济只是其中一个考虑，就算你有足够的经济实力辞掉原来的工作，这也不是一个明智的选择。因为许多刚刚开始做网络营销的人发现，在他们创业之后，同之前单位同事的联系是发展业务的重要资源。这些人不但可能成为产品的消费者，还可能成为你的下线。

大多数网络营销员都是利用业余时间做业务。根据网络营销协会在2008年所做的"全国销售人员调查"显示，在网络营销领域只有1/8的人每周工作时间大于或等于20小时。

你不需要很富有，也不需要抵押房产来贷款

大多数网络营销公司只需要你拿出不到500美元的创业资金。但你要知道，你在资金上付出的虽然并不多，但你一定要对网络营销倾注你的激情和汗水。你最主要的投资并不体现在资金上，而是对自我的投资。这种投资是以时间、注意力和毅力的形式实现的，所以你在起步阶段不需要大笔的创业资金。

约翰：虽然资金投入少，但并不代表没有投入。这毕竟是生意，你要按做生意的方式来行事。也就是说你每个月还是会有营业支出的。

一般来说，你每个月的预算不用太大，主要支出包括产

品样品、上文提到的用来联系他人和介绍产品的工具（如CD、DVD、网站等），以及用来支持业务发展和个人成长的资料。

所以说，要着手做网络营销你不用准备一大笔钱，但你需要每月承担一定的费用支出。

不需要是一个谈判天才或数学怪才

你必须充满激情、满怀希望，并拥有不达目的誓不罢休的决心。

我的朋友唐纳德·特朗普说："你必须喜欢自己所做的事情。缺少激情，难成大业。作为一名企业家，如果不够热爱自己所做的事情的话，你会陷入非常艰难的境地。"

以上就是一些建立成功的网络营销业务所不需要的。下面我们来看看，建立成功的网络营销业务需要什么。

需要对自己诚实

创立 B 象限企业不是一件简单的事情，你得问自己：我是否已经具备条件了？我愿意离开自己感觉舒服的区域去接受新的挑战吗？我愿意在被别人领导的同时学会如何去领导别人吗？我内心的富人是否已经跃跃欲试地要大展身手呢？如果答案都是肯定的，那你就可以开始着手找一家有很好培训制度的网络营销公司了。

约翰： 我还要补充一点：你要确定好自己现在的位置及你未来人生的目标，知道自己要做成哪些事情非常重要。

然后，你要有明确的计划。明确完成这些任务每周需要投入多少时间及你所需要投入的资金、技能和资源。确定为了成功你到底需要做些什么，以及具体在什么时候做。

我和唐纳德·特朗普合著了一本名为《让你赚大钱》的书，书中写道："网络营销最需要企业家精神，而企业家精神的核心就是专心致志与坚持不懈。对于那些缺少自我驱动力的人，我并不推荐他们做网络营销。"

需要正确的态度

对我来说成为一名企业家是一个永无止境的过程。我现在还在这条路上前进着，我想我最终也只是一位在学习过程中的企业家。我很喜欢做生意，我享受解决生意问题的感觉。在这个过程我能够得到自己想要的生活，虽然有时很困难，但我觉得一切都是值得的。

有一个信念一直支撑着我，它像是黑暗中的灯塔，哪怕在最艰难的时候。我创办尼龙钱包公司时，在办公室的电话上贴了一张从中国幸运签饼①中拿到的小纸条，纸条上写着：既然你什么时候都可以退出，为什么一定要选择现在？

　　我经常要接很多让我来处理各种棘手问题的电话。接到这些电话有时我真想不干了。但每当挂掉电话后我就会看一看中国幸运签饼中小纸条上的那句话，然后对自己说："不管我多么想放弃，我都不会选择今天，实在不行明天再放弃吧。"

　　好在明天从来不会到来。

　　我的富爸爸对我说，如果变得富有很容易的话，那每个人都是富人了。这就是为什么当别人问我，让我变得富有的最主要原因是什么时，我都会说，我不想每天过着听别人说我应该干什么的生活，我迫切地需要自由。工作是否稳定我不在乎，我在乎的是财务自由。而网络营销就可以帮助你实现这些想法。

　　如果你不介意别人告诉你什么时候上班、什么时候下班及你可以拿多少工资，那你就不适合进入网络营销这个行业。

需要真正的成长

　　网络营销业务可以成为B象限企业，但并不是所有的网络营销业务都可以做到这一点。这一切由你来决定。

　　网络营销是人们进入B象限世界的完美途径。你在E象

---

① 一种内含幸运小纸条的饼干。——编者注

限和S象限的收入局限于你个人的生产能力,而在网络营销领域你的收入是由你的网络决定的。也就是说一旦你的网络规模非常大,你的收入也会非常多。

但是,仅仅加入一家网络营销公司并不会让你的业务达到B象限企业的标准,除非你的网络发展得非常大。

约翰:大型企业被定义为超过500人的企业。而且这500人一般都被称为员工,员工的数量是关键。当你的营销网络中有超过500名网络营销员,根据定义,你的营销网络也可以被称为是大企业或B象限企业。营销网络中销售代表超过500人是很正常的。有的营销网络还可以扩展到几万人甚至几十万人,几百万人的营销网络也不是没有。

刚刚加入这个行业的人经常错误地把他们从新建立的营销网络中得到的资金当做是"自由资金",从第一天开始就随意消费掉。但其实,当你的营销网络中只有5人、10人、50人,或200人时,你的生意还处在发展阶段,称不上是大企业。

当你的营销网络扩展到500人以上甚至上千人时,你所拥有的就相当于是一个B象限企业了。它能给你带来巨额的被动收入。这样的网络不但可靠,而且是能给你带来收入的资产。

这说明,从你加入公司到你的营销网络中有500人以上的这段时间都是生意发展期,是打基础的阶段。在这一时期，你一定要把眼光放长远，把目光锁定在自己真正的目标——创造财富上。

需要时间

如果你认为一旦开始做网络营销后马上就可以有收入，那只能说明你还在用 E 象限和 S 象限的方式思考问题。那些陷入快速致富骗局或金融诈骗的受害者也往往是 E 象限和 S 象限的人。

约翰：在网络营销领域就没有快速致富这回事。虽然商业活动本身很简单，但它需要投入时间和精力。这些投入是你获得被动收入的基础。

美国网络营销协会称，每十个联系人中仅有一个人会接受你给他提供的机会。但是随着网络营销员经验的提升，这个比例也会有所增长。记住，这个比例只有在大量事件中才是正确的。也许你找 10 个人来测试会得出不同的结果，但是当你的联系人变为 100 个人时，你就会发现这个比例是大致正确的。

多年来，许多人都把网络营销称为致富的"快速通道"。这完全是愚蠢的认知。网络营销领域那些拥有领导力、建立了自己的网络并积累了一大笔财富的人往往都是艰苦奋斗了很多年才达到今天的高度。

所以，下次有人告诉你快速致富的方法时，千万别上当。这不是变魔术，也不是打游戏，而是严肃的商业活动。它直接关系到你未来的生活。

在真实的商业世界里，如果你在3～6个月的时间内还做不成生意，你就会被解雇。施乐公司会更宽容一点，他们给了我一年的学习时间和一年的观察期。要不是有这两年的时间，我也早就被解雇了。

你的处境就不一样了。你的网络营销公司不会解雇你，所以你也别解雇自己。千万不要在努力了几个月或一年之后就对自己说："哎，我想我不是这块料！"多给自己一些时间。

罗伯特：约翰，当我告诉人们"多给自己时间"时，他们总是会问我："没问题，但是我应该给自己多长时间呢？"你会怎么回答？

约翰：我会说，五年时间。

罗伯特：你的回答和我的一模一样！其实，不管什么生意模式都是如此，我姑且称之为"我的五年计划"吧。

五年计划

如果你真心希望开始一段新的旅程，那我推荐你给自己五年的时间来学习、成长，并在这段时间里改变自己的核心价值观、交新朋友。为什么？因为必须这么长的时间这些事情才有可能实现。

无论是霍华德·舒尔茨建立星巴克还是雷·克罗克建立麦当劳，抑或是迈克尔·戴尔建立戴尔公司，他们同样花了好几年时间。所以说，不管是建立一家伟大的公司还是成为一名伟大的领导人都需要漫长的时间。我就花了好几年的时间才建立起一个成功的 B 象限企业。同样，你建立成功的营销网络也需要好几年的时间。

许多人从来不会用"年"这个时间单位来思考问题。在广告和 E 象限月薪制度的影响下，他们已经习惯了让自己的欲望得到及时的满足。难怪许多考虑进入 B 象限的人都那么容易被"快速致富"这个想法所吸引。

"我上周已经签了合同，你说我什么时候才开始赚大钱？"

兄弟，快速致富本身就是个矛盾。不信你看，美好的事物是无法快速建立的，让人受益匪浅的小说不能在一夜间写成。创造一样美好的东西本来就需要时间，在经济上变得富有也是一样，不能一蹴而就。这就是为什么 B 象限的人总是这么少。大多数人都想发财，但他们舍不得花时间。

马尔科姆·格拉德威尔在《异类：不一样的成功启示录》一书中写道，一个人要想在某个领域取得卓越的成就必须花 10 000 个小时的努力。比尔·盖茨在学校就花了 10 000 个小时学编程。当甲壳虫还是一个不知名的小乐队时，他们在汉堡的夜总会演出，每天演出7个小时，每周7天，几年下来差不多也是10 000个小时。

格拉德威尔说："10 000小时法则有趣的一点在于它几乎适用于任何领域。如果你没有10 000个小时的训练，你无法成为一名国际象棋大师；鲍里斯·贝克尔虽然17岁就登上了温布尔登赛场，但他从6岁就开始了网球训练；15岁左右就能在卡内基音乐厅演出的古典音乐家从4岁就开始学小提琴。"

10 000个小时，你自己去算吧。如果你每天工作8小时，每周工作5天，你需要整整5年才能达到10 000小时。

幸运的是，成为一名网络营销员并没有成为一名国际象棋大师那么难。你也不用成为鲍里斯·贝克尔，约翰·列侬或比尔·盖茨。你不用成为这个世界上最优秀的人，但你必须掌握经商的技巧。你不用保持每天8小时、每周40小时的强度训练，但要想学会如何建立营销网络并最终让它给你带来被动收入，你一定要投入足够的时间。

顺便说一句，直到今天我还在生活中运用"五年计划"。当我决定学习一样新东西时，比如说房地产投资，我就让自己花五年的时间来学习这个方面的知识；当我学习股票投资时，我又给自己制订了一个"五年计划"。许多人都是贸然投资，亏了一点钱后马上放弃。他们在犯了一个错误后就选择了退出，而这正是他们失败的根本原因。失败是成功之母。只有失败者会天真地认为那些胜利者是从来没有输过的，或认为错误是应当尽力避免的。而实际上错误是最宝贵的学习机会。

今天，我仍然给自己五年时间学习新的东西。在这五年里，我会犯尽可能多的错误。因为我知道，错误越多，我学到的也越多，我也变得越聪明。如果五年中一个错误都不犯，那这五年我就不会变得更聪明，而仅仅是老了五岁而已。

需要时间去忘记

在这个行业，你不仅需要学习，还需要忘记很多东西。

许多人之所以深陷在E象限和S象限，就是因为他们觉得待在那里很舒服。事实并非如此，你要缴更多的税，你没有自己的时间，还得忍受和自己难以忍受的人在一起工作，哪有什么舒服可言。从很多方面看，这两个象限都是很难受的。但许多人因为在这里待了太多年，他们不知不觉地习惯了这种生活。

当你进入网络营销的世界，这一切都会改变。你在之前单位或自谋职业时所积累的经验在这个领域很可能毫无用武之地，固定的工作时间、根据工作时间设定的工资、一个拥有老板和经理的组织层级结构、狭隘的工作岗位描述、明确定义的客户、代理区域和实体设备，等等，所有这些传统企业的陷阱都不会出现在网络营销领域。

我们前面已经说过，如果你做过传统的销售，你需要忘掉很多东西。因为在网络营销领域你是没有权力聘用、解雇或告诉别人该干什么的。这个属于 21 世纪的生意模式是一个动态的系统，要想在这里有所成就，你必须忘掉一些旧习惯。

给自己充足的时间，既用来学习，也用来忘记。对一些人来说，从左边的象限到右边的象限最难的恰恰是忘记一些陈旧的观念。一旦没有了这些观念的束缚，你的改变会来得更快、更容易。

最终都要归结到行动上

你可以计划所有要做的事情，学习所有需要学习的东西。但是在网络营销领域的胜利者，都是那些行动起来的人。今天行动，明天行动，每天行动，行动最重要！

第 20 章

过你梦想的生活

什么能让人富有？很多人都会说："当然是钱了。"但他们错了，有钱并不能让你富有，因为钱随时可能失去；拥有房产也不能使你富有，因为房产也可能贬值（就像我们在过去几年所看到的一样）。

那什么能让你富有呢？我认为是"知识"。

我最重要的一课

年轻时，在我投资房地产之前我最早投资的是黄金。我当时想："黄金是唯一的、真实的金钱，这是不可能错的！"所以早在 1972 年我就开始买金币，当时的金价为 85 美元／盎司，那一年我 25 岁。到我 32 岁的时候，金价已经逐渐攀升到 800 美元／盎司，我的投资几乎翻了 10 倍。这太不可思议了！

后来人们对黄金开始了狂热的追求，贪婪战胜了谨慎。有谣言说金价将突破2 500美元／盎司。许多贪心的投资者都涌进来，其中还包括一些从来没有买过黄金的人。我本来可以卖掉黄金大赚一笔的，但那时我没卖，想着金价会继续上涨。直到一年后金价跌到500美元／盎司时，我才完全把手中的黄金卖掉，眼睁睁地看着自己的钱随着金价的下跌变得越来越少。到1996年时，金价下跌到275美元／盎司。

在黄金市场我并没赚多少钱，但却学到了重要的一课。当我看到投资"真实金钱"都可以亏本以后，我意识到有价值的东西往往并不是有形资产，而是关于这些资产的信息。这些信息才能决定一个人最终是富有还是贫困。

也就是说，房产、黄金、股票、努力工作和金钱本身都不能让你变得富有；让你变得富有的是你对房产、黄金、股票、努力工作和金钱的了解。总而言之，最终决定你财务状况的是你的财商。

财商和你在学校的表现没多大关系，也许你在学术上是个天才，但在财商上却是个白痴。

1. 知道如何赚钱

你赚的钱越多，就说明你的财商越高。每年赚100万美元的人的财商一定比每年赚3万美元的人的财商高。

2. 知道如何保护自己的钱

整个世界都在试图夺走你的钱，而不只是伯纳德·麦道夫这样的商业诈骗犯们。其中主要的掠夺者之一就是政府，它以合法的方式夺走你的财富。

假设有两个人每年都赚100万美元，如果其中一个人缴20%的税，另一个人缴35%的税，那么前者就拥有更高的财商。

3. 知道如何管理自己的钱

许多人难以保住自己赚来的钱，因为他们是按照穷人的方式来管理钱，而不是按照富人的方式。金钱管理也是很需要财商的。

我们假设有两个人：A每年赚12万美元，B每年只赚6万美元，谁的财商更高？肯定是A吗？先别急。假如A每年的消费也是12万美元，那他每年都会回到原点；而B虽然每年只赚6万美元，但他能够凭借好的管理，每年只花5万美元，然后把节省下来的1万美元用来投资。最后谁会更有钱？

如果你的金钱管理能力很差，那就算把全世界的钱给你也不够用。如果你能够合理地作预算，学习B象限和I象限的思维方式，那你就能集聚起可观的个人财富；更重要的是，你可以获得财务自由。

不管你年收入是多是少，能够用这些钱好好地生活，并省下一部分用来投资，都是很需要财商的。你只有通过合理的预算才会有结余。

4. 知道如何利用自己的钱

当你通过合理的预算留有余钱以后，下一个挑战就是如何利用这笔钱。投资回报率是衡量财商的另一个标准。投资回报率为50%的人的财商一定比回报率为5%的人的财商高。有的人不但能得到50%的投资回报,而且还能享受免税政策;有的人只能得到5%的投资回报,还得缴35%的税。他们之间谁的财商更高则不言而喻。

大多数人都把自己结余下来的钱存到银行或用来买共同基金(如果他们有结余的话),希望通过这些方式来获得更多的钱。但其实还有许多更好的投资方式。存银行和买共同基金不需要任何财商,连只猴子训练一下都会买共同基金。这就是为什么这是有史以来回报率最低的投资方式。

美好的生活

做网络营销的目的并不仅仅是钱,而是获得商业技能和财商,从而用这些钱来创造真正的财富。

但即便是财富也算不上是最终目的,创造财富的最终目的是让你过上美好的生活。

通过对不同人生活状态的观察,我认为人有三种活法。这三种活法由三种不同的情感驱动,并且与三种不同的生意和心理状态相关。

生活在恐惧中

我尝过破产的滋味,我已经说过。1985年在很大程度上是我最悲惨的一年，那一年我和我的妻子金陷入极为严峻的财务困境中，我们无家可归，只好住在那辆破丰田车里。那种恐惧感简直让人无法动弹，我全身都处于麻木状态。

我知道那种感受，因为我在小时候也体会过。我是在一个贫困的家庭长大。"没有钱"就像乌云一样笼罩在我家上空，伴我度过大半个童年时代。这是一种非常恐怖的经历，它所带来的伤害绝不只是在经济上。它能够摧毁你的自信心和自我价值感，让你生活的方方面面都支离破碎。

生活在愤怒和挫败感之中

第二种活法就是生活在愤怒和挫败感之中。因为这些人每天都得按时起床去上班，而他们真正想做的却是其他事情。生活在这种情绪之下的人也许有一份很好的工作和很高的工资，但是他们无法停止工作，这就是为什么他们会有挫败感。他们知道：一旦停下来，他们的世界就会土崩瓦解。

这一类人常常会说，"我没法退出，如果我退出的话，银行会收回我所拥有的一切"。他们还常常说"我迫不及待地在等待下一个假期"或"再工作十年我就退休"。

生活在喜悦、平静与满足中

第三种活法的人能够内心保持平静。他们知道：不管他们是否工作都会有足够的收入。我和金从 1994 年开始就生活在这种状态之下。那一年我们卖掉了自己的企业，选择了退休，当时我 47 岁，金 37 岁。但许多年后的今天，我们仍然在工作，而且还工作得很努力，为什么？因为我们喜欢我们所做的事情。

知道我们可以不用工作，知道不管我们做什么有生之年都有花不完的钱，这能够给人一种非常自由和愉快的感觉。这样我们就可以全身心去做我们真正热爱的事情。

我们俩在一起度过了许多美好的时光。不管我们是打高尔夫球、环球旅行还是在会议室里开会，对我们来说这都是很开心的事情，都是在实现我们的梦想。这就是我们的生活，一直以来所梦想过上的生活，我们享受着生活中的每一秒钟。

蚂蚁、蚱蜢和人类

前文我提到过蚂蚁和蚱蜢的故事。我们从小到大都认为世界上有两种生活方式：一种是节俭、勤劳的蚂蚁所代表的生活方式，一点一点地把东西积累起来，为将来作准备；另外一种是铺张浪费、不负责任的蚱蜢所代表的生活方式，它们及时行乐，完全不考虑未来。

在某种程度上，这个分类给我们带来的坏处多于好处。没错！节俭、负责、未雨绸缪是很好的习惯，但是你看看蚂蚁过的是什么生活吧！你真的希望自己成为蚂蚁王国里的一个齿轮，每天没日没夜地搬运泥土，并以此度过一生吗？

让我们面对这个现实：我们不是蚂蚁，也不是蚱蜢，我们是人类。难道我们就不能充分地过好我们人类自己的生活吗？

如果你掌握了获得财富的基本原则；如果你能够聪明地管理自己的金钱、时间和精力；如果你能够拥有宏伟的梦想，并有勇气去实现这些梦想，你就一定会在人生中获得意想不到的成功。

第 21 章

21 世纪的生意

我之所以这么看重网络营销,其中一个原因是这是一个非常公平的机会。网络营销的包容性极强,如果你仔细观察一下全世界 6 000 多万从事该行业的人们,你会发现这个团体是由不同肤色、不同信仰、不同年龄段,在背景、经验和技能层次上也各不相同的人们组成的。

这就是为什么说这是属于 21 世纪的生意。因为正如我在前面强调过的,21 世纪我们开始认识到财富不是一个零和游戏,一部分人的成功并不是建立在另一部分人失败的基础之上。未来的财富所依靠的是具有开创性、能够改善全人类经济水平的模式。

这些都是我个人的财富观,网络营销同我的财富观非常吻合。拥有这种网络营销赋予的财富观不仅让我感觉良好,而且它的确是一种好的生意模式。

财富民主化

我之所以会花如此多的精力用于支持和推广网络营销，原因很简单：这是一个较之前更为民主地获得财富的体系。

网络营销体系能让每一个人都分享到财富。它是一种非常民主的创造财富的方式。不管是谁，只要有动力、决心和恒心，这个行业的大门就是向他敞开的。这个体系不在乎你就读的是哪所大学，你没读过大学都没关系。这个体系也不在乎你现在挣多少钱、你的种族和性别、你长得是否漂亮、你的父母是谁，以及你是否受欢迎。大多数网络营销公司只关心你是否愿意学习、愿意改变自己、愿意成长，关心你能否承受在成长为一名企业家的道路上所要经历的各种酸甜苦辣。

网络营销不仅仅是一个很好的想法，还是代表未来发展趋势的一种生意模式。为什么？因为这个世界终于意识到工业时代已经结束了。

上一个时代的安全感在不断离我们远去，网络营销成为一种新的能给人们带来成就感和安全感的机制。它赋予了全世界成千上万的人们掌握自己生活和经济未来的能力。这就是为什么虽然那些旧世界的智者们对它视而不见但它仍能够保持强有力的发展趋势的原因所在。

我预计：在未来几年网络营销会有更大的发展，会深入到社会生活的方方面面，从而成为一种更加成熟的机制。

之前我讲过爱迪生是如何变得富有的,他依靠的不是改进电灯泡,而是通过创建支持电灯泡工作的网络。当时爱迪生还有个名叫亨利·福特的员工,他后来也像爱迪生一样发明了一种在当时看来没多大实际价值的东西。

同爱迪生一样,年轻的亨利·福特没有发明汽车,而是做了一件改变了汽车行业和成千上万人命运的事情。在19世纪末20世纪初,汽车还是一件很新奇的东西,是富人的玩具。的确,它们的价格是如此之高,以致只有富人才可以买得起。而福特当时一个疯狂的想法就是让每个人都能买得起汽车。

福特通过改进生产线来实现汽车的标准化大规模生产,让制造汽车的成本大幅度下降,福特公司也成为世界上最大的汽车生产商。亨利·福特不但制造出了大多数人能买得起的汽车,还开出了行业内最高的员工工资,甚至还提供分红计划,每年给工人3 000万美元以上的补贴。在20世纪初,3 000万美元可是一个不小的数字啊!

福特将自己的使命总结为"让汽车民主化"。在实现这一使命的过程中,福特自己也成为了一个非常富有的人。

网络营销是一种具有革命性力量的生意模式。因为它是历史上出现的第一种能让每个人都分享财富的生意模式。只是到目前为止,只有少数的幸运儿在享受这一福祉。

当然,这个行业目前也有一些害群之马,也存在唯利是图之辈和坑蒙拐骗之徒。许多道德低下的人试图在网络营销的名义下捞一笔快钱。但从其本质和设计上来说,网络营销是一种非常公平、民主和富有社会责任感的财富生成机制。

不管那些唯利是图者怎么忽悠别人,我可以告诉你,网络营销并不适合贪婪的人。因为在网络营销领域,你只有通过帮助别人成功自己才能获得成功。我觉得这和托马斯·爱迪生和亨利·福特在他们那个年代所做的事情一样具有革命性。从设计上来看,网络营销最适合那些乐于帮助他人的人。

我并不是看不起贪婪的人,一点贪心和一点自恋是心理健康的表现。但如果过度看重个人得失,并通过牺牲他人利益来满足自我利益,就会让我很反感。我相信每个人本质上都是慷慨的,只有当我们既能获得成功又能帮助他人成功时,我们才能得到最大的满足感和成就感。

网络营销就能满足人们慷慨的心理需要。它能给人们提供一条通过帮助他人从而通向个人成功、创造财富、获得财务自由的道路。

你可以通过内心的阴暗和贪婪来变得富有,你也可以通过心灵的丰富和慷慨来变得富有,你内心最深处的价值取向将决定你选择哪一种方法。

和平的经济基础

我曾在越南丛林执行飞行任务,我知道战争是多么残酷,也知道不平等是产生战争的一个根源。只要贫富差距还在拉大，和平就很难实现。我们可以进行和平游行，可以作支持和平的演讲，也可以组织专门研究和平的委员会来呼吁和平，但光靠这些嘴头工夫是无法给我们带来和平的。只有当我们给更多的人创造能让他们在经济上得到实质性改善的机会，和平才有可能到来。

这听上去是一个无比宏伟的目标，但网络营销就可以做到这一点。

今天，网络营销公司正在全世界播撒和平的种子。它不仅在世界主要城市蓬勃发展，而且在发展中国家也在迅速扩散，给那些生活在贫困线以下的人们带来了致富的希望。与网络营销公司不同的是，那些传统公司则只能在富人和资本密集的地方才能生存和发展。

普通人继续像牛马一样地继续工作下去只会让富人变得更加富有，现在世界各地的人都拥有平等的机会过上富足生活，这个时代已经到来了。

你也该拥有这一机会了！

欢迎加入 21 世纪的生意。

提高财商的三个方法

方法一：阅读"富爸爸"系列书籍

财富观念篇	《富爸爸穷爸爸》
	《富爸爸为什么富人越来越富》（《富爸爸穷爸爸》研究生版）
	《富爸爸财务自由之路》
	《富爸爸提高你的财商》
	《富爸爸女人一定要有钱》
	《富爸爸杠杆致富》
	《富爸爸我和埃米的富足之路》
	《富爸爸那些比钱更重要的事》
	《富爸爸第二次致富机会》
财富实践篇	《富爸爸投资指南》
	《富爸爸房地产投资指南》
	《富爸爸致富需要做的6件事》
	《富爸爸穷爸爸实践篇》
	《富爸爸商学院》
	《富爸爸销售狗》
	《富爸爸成功创业的10堂必修课》
	《富爸爸给你的钱找一份工作》
	《富爸爸股票投资从入门到精通》
	《富爸爸为什么A等生为C等生工作》
	《富爸爸8条军规》
财富趋势篇	《富爸爸21世纪的生意》
	《富爸爸财富大趋势》
	《富爸爸富人的阴谋》
	《富爸爸不公平的优势》
财富亲子篇	《富爸爸穷爸爸（少儿财商启蒙书）》（适合3~6岁）
	《富爸爸穷爸爸（青少版）》（适合11岁以上）
	《富爸爸巴比伦最富有的人》（适合11岁以上）
	《富爸爸发现你孩子的财富基因》
	《富爸爸别让你的孩子长大为钱所困》

财富企业篇　《富爸爸如何创办自己的公司》
　　　　　　《富爸爸如何经营自己的公司》
　　　　　　《富爸爸胜利之师》
　　　　　　《富爸爸社会企业家》

方法二：玩《富爸爸现金流》游戏

　　《富爸爸现金流》游戏浓缩了《富爸爸穷爸爸》一书的作者——罗伯特·清崎三十多年的商界经验，让我们在游戏中模仿和体验现实生活的同时，告诉游戏者应如何识别和把握投资理财机会；通过不断的游戏和训练及学习游戏中所蕴含的富人的投资思维，来提高游戏者的财务智商。

扫码购买《富爸爸现金流》游戏

方法三：关注读书人俱乐部微信公众号，在读书人移动财商学院学习财商知识

　　北京读书人俱乐部微信公众号由北京读书人文化艺术有限公司运营，为富爸爸读者提供既符合富爸爸理念又根据中国实际情况加以完善的财商相关课程，帮助读者系统地学习和掌握富爸爸财商的原理、方法和实操技巧，助力富爸爸读者的财务自由之路。

readers-club

扫码关注读书人俱乐部
开始学习

世界上绝大多数人奋斗终身却不能致富,因为他们在学校中从未真正学习关于金钱的知识,所以他们只知道为钱而拼命工作,却从不学习如何让钱为自己工作……

——罗伯特·清崎

清崎有两个爸爸:"穷爸爸"是他的亲生父亲,一个高学历的教育官员;"富爸爸"是他好朋友的父亲,一个高中没毕业却善于投资理财的企业家。清崎遵从"穷爸爸"为他设计的人生道路:上大学,服兵役,参加越战,走过了平凡的人生初期。直到1977年,清崎亲眼目睹一生辛劳的"穷爸爸"失了业,"富爸爸"则成了夏威夷的有钱人。清崎毅然追寻"富爸爸"的脚步,踏入商界,从此登上了致富快车。

清崎以亲身经历的财富故事展示了"穷爸爸"和"富爸爸"截然不同的金钱观和财富观:穷人为钱工作,富人让钱为自己工作!

为什么有的人可以用较少的劳动获得较多的收入？为什么有的人可以享受比别人更多的财务自由？也许是因为他们明白何时从何种象限开始工作……本书旨在帮你选择一个新项目、新目标及新的财务前景。

——罗伯特·清崎

清崎上完大学，有了一份稳定的工作，这是"穷爸爸"一直以来对他的期望；但他牢记"富爸爸"的话，"只有实现了财务自由，才能拥有真正的自由"。于是他毅然辞去工作，走上了投资和创业之路，在47岁时实现了财务自由。从此，他再也不必朝九晚五地被动工作，再也不必量入为出，他可以自由地做自己爱做的事，因为投资会为他带来源源不断的现金流。

书中归纳出了4个现金流象限：雇员、自由职业者、企业主和投资人，只有具备投资人和企业主的技能，才更容易致富；详细介绍了这些观念和技巧，把投资人细分为7个等级，帮你看清自己的财务状况；更列出了7个完整的步骤，指引你走上财务自由之路。

图书在版编目（CIP）数据

富爸爸 21 世纪的生意 /（美）罗伯特·清崎,（美）约翰·弗莱明,（美）金·清崎著；王戎译. — 成都：四川人民出版社, 2017.8（2025.6 重印）
ISBN 978-7-220-10297-4

Ⅰ.①富… Ⅱ.①罗… ②约… ③金… ④王… Ⅲ.①网络营销–通俗读物 Ⅳ.① F713.365.2-49

中国版本图书馆 CIP 数据核字（2017）第 193632 号

The Business of the 21st Century
Copyright © 2013 by CASHFLOW Technologies, Inc.
This edition published by arrangement with Rich Dad Operating Company, LLC.
版权合同登记号：图进 21-2017-499

FUBABA 21 SHIJIDESHENGYI
富爸爸 21 世纪的生意
〔美〕罗伯特·清崎 〔美〕约翰·弗莱明 〔美〕金·清崎 著   王戎 译

策划编辑	李真真　朱鹰
责任编辑	唐婧
融合出版统筹	袁璐
特约编辑	张芹
封面设计	朱红
版式设计	乐阅文化
责任印制	王征征

出版发行	四川人民出版社　（成都三色路 238 号）
网　　址	http://www.scpph.com
E-mail	scrmcbs@sina.com
新浪微博	@ 四川人民出版社
微信公众号	四川人民出版社
发行部业务电话	（028）86361653　86361656
防盗版举报电话	（028）86361653
照　　排	北京乐阅文化有限责任公司
印　　刷	三河市中晟雅豪印务有限公司
成品尺寸	152mm×215mm　1/32
印　　张	6.25
字　　数	119 千
版　　次	2021 年 4 月第 2 版
印　　次	2025 年 6 月第 10 次印刷
书　　号	ISBN 978-7-220-10297-4-01
定　　价	58.00 元

■版权所有·侵权必究

本书若出现印装质量问题，请与我社发行部联系调换
电话：（028）86361656